Dale Rhoton

Die Logik des Glaubens

Hänssler-Verlag
Neuhausen-Stuttgart

Dieses Buch ist eine Veröffentlichung der
TELOS-Verlagsgruppe.
TELOS-Taschenbücher und TELOS-Paperback-Ausgaben
sind „zielbewußt", wegweisend und biblisch orientiert.
TELOS-Bücher können Sie unbedenklich weitergeben, sie
wurden verantwortlich ausgewählt.

ISBN   3 7751 0071 7

Deutsche Übersetzung im Auftrag von Operation Mobilisation
durch Karin Leo.
Vierte, neubearbeitete deutschsprachige Auflage 1974
© by Hänssler-Verlag, Neuhausen-Stuttgart
Herstellung: St.-Johannis-Druckerei C. Schweickhardt
763 Lahr-Dinglingen
Printed in Germany   13215/1974

Inhaltsverzeichnis

Kapitel 1

Objektive Beweisführung

Ist das Christentum lediglich eine Lehre, die blinden Glauben fordert? Muß man — um Christ zu werden — seinen Intellekt preisgeben? Oder gibt es untrügliche Beweise, die einer objektiven, eingehenden Nachforschung standhalten?

In diesem Buch bemüht sich der Autor, die Ansprüche Jesu Christi objektiv zu untersuchen. Als Student an einer mohammedanischen Hochschule im Vorderen Orient fragte er oft seine Kommilitonen über den Islam aus. Was ihn am meisten interessierte, war die Frage: *Warum* glauben Menschen an die islamische Religion? Gibt es eine Beweisführung für ihren Glauben? Die meisten Studenten gaben zu, daß sie sich niemals Rechenschaft darüber abgelegt haben, weshalb sie glauben. Den Glauben — so meinten sie — kann man nicht begründen.

Ihre Antworten decken sich mit der allgemeinen orthodoxen Haltung. Einige Moslems sagen, der Koran sei der allein gültige Beweis für den Islam; sein einzigartiger literarischer Wert bezeuge, daß Gott ihn diktiert haben müsse. Andere Moslems geben jedoch zu, daß dies ein sehr unzulängliches Argument ist und behaupten, Gott lasse sich nicht beweisen. „So hat zum Beispiel Jesus Christus viele Wunder vollbracht, um zu beweisen, wer er war, und doch hat ihn die große Masse niemals akzeptiert", führen sie an, „wir glauben, weil Gott es geboten hat."

Die meisten Menschen — ganz gleich in welchem Land — sind ähnlicher Ansicht in bezug auf den Glauben. Wo finden wir ein Volk, das zunächst einmal alles, was dafür und was dagegen spricht, objektiv und gründlich untersucht hat und dann zu der festen Überzeugung von einem bestimmten Glaubensbekenntnis gelangt ist?

Glücklicherweise gibt es jedoch auch solche, die sich über die Wichtigkeit der Beziehung Gott — Mensch im klaren sind und denen alles daran gelegen ist, den rechten Weg ausfindig zu machen. Gottes Antwort für diese suchenden Menschen lautet: „Ihr werdet mich suchen und finden. Denn so ihr mich von ganzem Herzen suchen werdet, so will ich mich von euch finden lassen" (Jer. 29, 13. 14).

General Lew Wallace ist ein bemerkenswertes Beispiel für eine radikale Hinwendung zu Jesus Christus. Während einer Bahnfahrt traf er einen bekannten Atheisten, Oberst Robert G. Ingersoll. Sie kamen in ein angeregtes Gespräch über den Unsinn des Christentums. General Wallace war begeistert von dem Rat seines Gesprächspartners: „Sie sind intelligent und haben eine gute Ausbildung. Warum schreiben Sie nicht ein Buch, in dem Sie beweisen, daß das Christentum unsinnig ist und Jesus Christus niemals gelebt hat? Solch ein Buch wäre doch ein Meisterwerk!"

Erfüllt von dem Gedanken, berühmt zu werden, machte sich General Wallace an die Arbeit. Jahrelang sammelte er Material für sein Buch. Vier Kapitel hatte er zu Ende gebracht, als er erkannte, daß Jesus Christus eine historische Persönlichkeit war. Bald darauf kam er zu der Überzeugung, daß Christus sogar noch mehr ist als das. Als fünfzigjähriger Mann kniete General

Wallace nieder, um zum ersten Male in seinem Leben zu beten. Er bat Jesus Christus, sein Herr und Erretter zu werden.

Die Forschungsarbeit des Generals Wallace war jedoch nicht umsonst. Er überarbeitete die ersten vier Kapitel und vollendete dann seine Erzählung, die schon Tausende von Menschen in der ganzen Welt gefesselt hat — *Ben Hur.*

Das Christentum lehnt keinesfalls eine sorgfältige Prüfung ab, sondern ermutigt sogar noch zu solch kritischem Studium.

Die meisten Religionen gründen sich auf das Erlebnis eines einzelnen Menschen und möglicherweise einiger seiner zeitgenössischen Anhänger. Ihre Beweisführungen bestehen aus Visionen oder angeblichen Wundern. Die Beweisgründe des Christentums dagegen gleichen einem Seil aus vielen Strängen. Die einzelnen Stränge sind eng miteinander verflochten und machen das Seil unzerreißbar. Die Fundamente des Christentums wurden durch Propheten in einem Zeitraum von mehreren Jahrhunderten gelegt. Das Alte Testament umfaßt diese Zeitspanne und ist voller Hinweise auf Christus. Und heute, Jahrhunderte später, bezeugen Tausende von Menschen der ganzen Welt, daß sie die lebendige Wirklichkeit von Christus persönlich erfahren haben.

Das Christentum gründet sich auf die Lehre der Bibel, die den Anspruch erhebt, die einzige niedergeschriebene Offenbarung Gottes zu sein. Mehr noch, die Christen glauben ihrer Aussage, daß es nur einen Weg zu Gott gibt.

Gott drängt sich jedoch niemandem auf. Er zwingt keinen Menschen, zu ihm zu kommen. Er möchte, daß jeder freiwillig zu ihm kommt und ihn liebt. Für den, der ernsthaft Gott sucht, gibt es vielfältige Beweise. Derjenige dagegen, der es nicht ernst meint, wird sich gar nicht erst auf eine Untersuchung einlassen. Pascal bringt dies in seinen *Pensées* folgendermaßen zum Ausdruck:

„Es wäre daher nicht gerecht gewesen, wenn er in seiner Weise erschienen wäre, also vollkommen göttlich und absolut fähig, alle Menschen zu überzeugen; aber es wäre auch nicht gerecht gewesen, wenn er so verborgen gekommen wäre, daß er von denen nicht hätte erkannt werden können, die ihn ernsthaft suchen ... Für die, die wirklich sehen wollen, ist Licht genug da und Verdunkelung für die, die anders gesinnt sind[1]."

1 Blaise Pascal, *Über die Religion (Pensées)*, übertragen und herausgegeben von Ewald Wasmuth, 1948, Tübinger Verlagshaus, Abs. 430, S. 199/200.

Kapitel 2

Jesus Christus – das Zentrum des Christentums

Der allgemein vertretenen Ansicht über Religion zuwider ist Christentum nicht eine Reihe von Geboten oder in der Hauptsache ein Dogma. Christentum bedeutet, Jesus Christus kennen und ihn daher lieben und tun, was er sagt. Er selbst ist das Zentrum des Christentums.

Wer war Christus?

„Ein Wahnsinniger, der behauptete, Gott zu sein!" haben einige leidenschaftlich ausgerufen.

„Ein Prophet, dessen Lehren wir befolgen sollten", sagten andere nachdenklich.

„Ein Philosoph mit praktischen Ratschlägen für ein Leben, das die Welt verändern wird", mag die Meinung einiger Visionäre gewesen sein.

Wer war er? Obwohl folgende Zitate von Ungläubigen stammen, zeigen ihre Worte, wie Christus auch von denen als einzigartiges Vorbild für menschliche Güte verehrt wird, die seine Forderungen ablehnen.

W. E. H. Lecky, ein hervorragender Historiker, sagt: „Jesus zeichnete sich nicht nur durch seinen einwandfreien Charakter aus, sondern auch durch seine nicht zu überbietende Initiative. Er hat einen so großen Einfluß ausgeübt, daß der simple Bericht über die drei Jahre seiner öffentlichen Tätigkeit mehr zur Erneuerung und Befriedung der Menschheit beigetragen hat als alle Abhandlungen der Philosophen und alle Ermahnungen der Moralisten[1]."

Und Rousseau:

„Der Tod des Sokrates, der gelassen philosophierend inmitten seiner Freunde starb, scheint das Beste zu sein, was man sich wünschen kann. Aber Jesu Sterben, wie er sein Leben unter furchtbaren Qualen aushauchte, mißhandelt, beschimpft und angeklagt von einer ganzen Nation, war das Entsetzlichste, was man sich vorstellen kann. Sokrates segnete tatsächlich den weinenden Scharfrichter, der ihm den Giftbecher reichte. Aber Jesus, inmitten qualvoller Marter, betete für seine unbarmherzigen Peiniger. War das Leben und Sterben des Sokrates das eines Weisen, so war das Leben und Sterben das eines Gottes."

Wer war Christus?

Der Christ antwortet ohne Zögern: Er war Gott — Gott, der Mensch wurde.

Die Bibel beschreibt es folgendermaßen:

„Jesus Christus lebte in Gestalt göttlicher Herrlichkeit, aber er hielt das nicht wie einen Raub fest, sondern verzichtete darauf, Gott gleich zu sein. Er legte alles von sich aus ab und wurde ein Knecht unter uns, er wollte nichts sein als ein schlichter Mensch, er erniedrigte sich völlig, er wurde gehorsam bis zum Tode am Kreuz. Darum hat ihn Gott auch erhoben und hat ihm den Namen gegeben, der herrlicher ist als alle anderen Na-

1 W. E. H. Lecky, History of European Morals, II, S. 88.

men. In diesem Jesusnamen sollen einmal alle niederknien, die im Himmel und auf Erden und im Totenreich sind, sie alle sollen bekennen: Herr ist Jesus Christus, und alles soll dienen zum Ruhme Gottes, des Vaters[2]."

Jesus Christus ist Gott und hat ewige Existenz. Zu einem vorherbestimmten Zeitpunkt wurde er jedoch Mensch, geboren durch die Allmacht Gottes von der Jungfrau Maria. Er lebte ein sündloses Leben, das ein plötzliches Ende fand, als seine Feinde ihn kreuzigten. Drei Tage nach seinem Kreuzestod ist er zu einem neuen Leben auferstanden. Vierzig Tage später wurde er in die unsichtbare Welt Gottes aufgenommen.

Dies sind die grundlegenden Tatsachen über Christus. Fügen sie sich in die geschichtlichen Tatbestände ein? Jesu Leben und sein Tod nach dem Gerichtsurteil des Prokurators Pilatus sind nicht nur in der Bibel, sondern auch in weltlichen Quellen bezeugt.

Josephus, der jüdische Geschichtsschreiber, stellte fest:

„Zu dieser Zeit lebte Jesus, ein weiser Mann, wenn man ihn einen Menschen nennen soll. Er war nämlich ein Täter wunderbarer Werke, ein Lehrer der Menschen, die mit Freuden die Wahrheit aufnehmen. Er war der Messias. Und als Pilatus ihn auf Vorschlag der Vorsteher zum Kreuzestod verurteilt hatte, verließen ihn diejenigen nicht, die ihn als erste geliebt hatten. Er erschien ihnen nach drei Tagen wieder lebendig. Das hatten die göttlichen Propheten von Jesus Christus vorausgesagt, genauso wie sie unzählige andere wunderbare Dinge über ihn berichtet hatten. Noch bis heute hat

2 Philipper 2, 6—11

das Geschlecht derer nicht aufgehört, die nach ihm Christen genannt sind[3]."

Tacitus war einer der größten römischen Geschichtsschreiber und lebte Anfang des zweiten Jahrhunderts. In seinen Annalen (XV, 44) erzählt er, wie Nero die Beschuldigung, er habe 64 n. Chr. Rom in Brand gesetzt, von sich abzuwälzen versuchte:

„Weder jegliche Hilfe für die Geschädigten, noch die vielen Geschenke, die der Regent machen konnte, noch alle Sühnopfer, die den Göttern dargebracht werden konnten, vermochten Nero von dem schändlichen Verdacht loszusprechen, den das Volk hegte, nämlich, daß er befohlen hatte, Rom anzuzünden. Um nun dem Gerücht ein Ende zu bereiten, wußte Nero Schuldige zu erfinden und mit den härtesten Strafen zu bedenken; es waren die ohnehin wegen allerlei Schändlichkeiten verhaßten Leute, die beim gemeinen Volk Chrestianer hießen. Der Name hängt zusammen mit ‚Christus‘, der von dem Prokurator Pontius Pilatus unter der Herrschaft des Tiberius als Verbrecher hingerichtet wurde. Trotz solcher augenblicklichen Unterdrückung kam der verderbliche Aberglaube wieder auf, und nicht nur in Judäa, wo diese Plage entstanden war, sondern auch in Rom . . .[4]"

Plinius schreibt an Kaiser Trajan über die Christen:

„Dabei versicherten sie jedoch, ihre Hauptschuld oder vielmehr ihr Hauptfehltritt habe darin bestanden, daß sie immer an einem bestimmten Tage vor Sonnenauf-

---

3 Josephus, Antiquitates XVIII, iii, 3, Zitat in Calwer Bibellexikon im Artikel „Jesus Christus".
4 Als Zitat bei Martin Dibelius, Jesus, in Sammlung Göschen, Band 1130, Berlin 1947, S. 12.

gang zusammengekommen wären, auf Christus wie einem Gott abwechselnd ein Lied gesungen und sich durch einen feierlichen Eid nicht etwa zu einem Verbrechen verpflichtet hätten, sondern dazu, daß sie keinen Betrug, Diebstahl, keinen Ehebruch begehen, kein Wort brechen und kein anvertrautes Gut unterschlagen wollten . . .[5]"

Lucius von Samosata, ein griechischer Satiriker des zweiten Jahrhunderts, sprach von Christus als von „. . . dem Mann, der in Palästina gekreuzigt worden war, weil er diesen neuen Kult eingeführt hat. Mehr noch, ihr erster Gesetzgeber überzeugte sie davon, daß einer des andern Bruder sei, nachdem sie sich ein und für allemal vergangen haben dadurch, daß sie die griechischen Götter nicht anerkennen und allein diesen gekreuzigten Sophisten anbeten und nach seinen Geboten leben[6]."

Thallus, ein weiterer Historiker, schrieb etwa im Jahre 52 über Christus, also nur wenige Jahre nach seinem Tode. Julius Africanus, der Schreiber der ersten christlichen Weltchronik im Anfang des dritten Jahrhunderts, zitiert ihn. Africanus spricht auch über die geheimnisvolle Finsternis am Mittag (des Tages) der Kreuzigung Jesu und sagt: „Thallus erklärt in dem dritten Buch seiner Geschichten diese Finsternis als eine normale Sonnenfinsternis — ganz unbegründet, wie mir scheint[7]." Infolgedessen muß der Bericht über die Kreuzigung Jesu bereits nach wenigen Jahren selbst unter den Nichtchristen Roms bekannt gewesen sein.

5 Schuster, *Quellenbuch zur Kirchengeschichte,* Verlag Moritz Diesterweg, 1964, I, iii, 1 (S. 15/16).
6 Aus der englischen Ausgabe: Lucian, The Passing of Peregrinus, S. 13. 15.
7 Eine ähnliche Erklärung der Juden befindet sich in „Akten des Pilatus" im 4. Jahrhundert.

Sueton schreibt um das Jahr 100 n. Chr. in seinem „Leben des Claudius" (25, 4), daß dieser (Claudius) „die Juden aus Rom verjagte, die auf Anstiften eines ‚Chrestus' ständig Unruhe stifteten[8]." Dasselbe Ereignis aus christlicher Sicht: „Paulus ... fand einen Juden mit Namen Aquila, von Geburt aus Pontus, welcher samt seiner Frau Priscilla kürzlich aus Italien gekommen war, darum daß der Kaiser Claudius allen Juden geboten hatte, Rom zu verlassen[9]."

Es haben also weltliche Historiker, die dem Christentum feindlich gegenüberstanden, bestätigt, daß Jesus Christus gelebt hat und hingerichtet worden ist.

Christus — sein Wesen und seine Lehre

In jeder Situation erwies sich Jesus als Herr der Lage. Obwohl er verachtet, verspottet und sogar gefoltert wurde, kam nie ein gehässiges oder nachtragendes Wort über seine Lippen. Während seiner Aburteilung verwunderte sich der Richter über die Gemütsruhe, mit der er dem zornigen Volk, allen Anschuldigungen und selbst der Todesandrohung begegnete. Er war die Selbstbeherrschung in Person, und doch war er kein Asket.

Aber das erstaunlichste Merkmal an Jesus war sein heiliges Leben — ein Leben vollkommener Sündlosigkeit. Er behauptete, daß all sein Tun dem Vater wohlgefalle[10]. Als seine Feinde ihn in Mißkredit bringen wollten, fragte er sie: „Wer von euch kann mich einer

8 Zitat in Evangelisches Kirchenlexikon, Band II, Art. „Jesus Christus", S. 275.
9 Apostelgeschichte 18, 1. 2
10 Johannes 8, 29

Sünde zeihen[11]?" Während der Aburteilung Jesu versuchten seine Feinde ohne Erfolg, verschiedene Anschuldigungen gegen ihn vorzubringen. Sein Richter stellte schließlich fest: „Ich finde keine Schuld an ihm[12]." Drei Jahre sind seine Jünger ständig mit ihm zusammen gewesen. Sie erlebten seine Reaktionen in den verschiedensten Situationen und bei den verschiedenartigsten Menschen. Doch diese Männer, die von Kind auf gelehrt worden waren, daß alle Menschen Sünder seien, bekräftigten wiederholt: Christus ist sündlos.

Welcher Mensch kann denn ein sündloses Leben führen? Selbst die größten religiösen Führer haben zugegeben, daß ihr Leben nicht vollkommen ist. Es ist die normale Erfahrung eines Gläubigen, daß er seine Sünde im Lichte der Heiligkeit Gottes um so deutlicher sieht, je näher er Gott kommt.

Als Mensch war Jesus im höchsten Maße ein Vorbild der Tugendhaftigkeit. Obwohl er über sich selbst erstaunliche Aussagen machte, geschah das doch niemals in prahlerischer Weise. Er sprach mit absoluter Autorität und fester Überzeugung; doch war er von so demütiger Gesinnung, daß er seinen Nachfolgern die Füße wusch und sich ihr Diener nannte. Sein Sinn für Gerechtigkeit veranlaßte ihn, die Leute aus dem Tempel hinauszutreiben, die den Ort des Gottesdienstes mißbrauchten. Seine Güte wiederum ließ ihn Kinder in seine Arme nehmen. Seine unendliche Liebe war ohne Sentimentalität. Trotz seiner Heiligkeit und Vollkommenheit begegnete er denen liebevoll, die durchaus nicht heilig waren. Sein Eifer war ohne Fanatismus.

Jesus behauptete nicht nur, er sei sündlos, sondern auch,

11   Johannes 8, 46
12   Johannes 19, 6

er habe Vollmacht, Sünden zu vergeben — ein Recht, das Gott allein zusteht. Einmal hatten sich viele Menschen in einem kleinen Haus versammelt, um den großen Lehrer zu hören. Unter ihnen befanden sich religiöse Führer, Rechtsgelehrte und einfache Menschen. Als alle gebannt den Worten dieses ungewöhnlichen Mannes lauschten, deckten vier Männer einige Dachziegel ab und ließen einen Gelähmten herunter. Jesus sah ihren offenkundigen Glauben und sagte zu dem Kranken: „Mein Sohn, dir sind deine Sünden vergeben."

Jesus bemerkte die Gedanken, die in diesem Moment durch die Köpfe der Anwesenden gingen: Wer ist dieser? Wer kann Sünden vergeben außer Gott? Jesus entgegnete ihnen: „Was denkt ihr in euren Herzen? Was ist leichter, zu sagen: Dir sind deine Sünden vergeben, oder zu sagen: Stehe auf und wandle? Auf daß ihr aber wisset, daß des Menschen Sohn Vollmacht hat, auf Erden Sünden zu vergeben, sage ich dir, stehe auf, hebe dein Bett auf und gehe heim!" Und sofort stand der Gelähmte auf, nahm seine Matte und pries Gott, während er sich auf den Heimweg begab[13].

So bewies Jesus durch eine wirkungsvolle Illustration seine Macht, Sünden zu vergeben.

Das war aber nicht das einzige. Jesus nahm noch andere Vollmachten in Anspruch, die sonst nur Gott besitzt. Er sagte von sich, daß er Tote zum Leben erwecken kann: „Denn wie der Vater die Toten auferweckt und macht sie lebendig, so macht auch der Sohn lebendig, welche er will[14]." Bei anderen Gelegenheiten sagte er: „Ich bin das Brot des Lebens[15]." „Ich bin

13 Lukas 5, 17—26
14 Johannes 5, 21
15 Johannes 6, 35

18

die Auferstehung und das Leben. Wer an mich glaubt, der wird leben, ob er gleich stürbe[16]."

Jesus legte auch dar, daß er die Welt richten würde. „Der Vater richtet niemand; sondern alles Gericht hat er dem Sohn gegeben, damit sie alle den Sohn ehren, wie sie den Vater ehren... Wer mein Wort hört und glaubt dem, der mich gesandt hat, der hat das ewige Leben und kommt nicht in das Gericht...[17]"

„Das ist Gottes Werk, daß ihr an den glaubt, den er gesandt hat[18]." Ein anderes Mal sagte er: Der Geist Gottes „wird der Welt die Augen auftun über die Sünde und über die Gerechtigkeit und über das Gericht; über die Sünde: *daß sie nicht glauben an mich*[19]."

Kurz nach seiner Auferstehung erschien Jesus seinen Jüngern. Thomas war nicht dabei. Er konnte von den anderen nicht überzeugt werden, daß Jesus auferstanden war. Eine Woche später erschien Jesus ihnen wiederum. Diesmal war auch Thomas dabei. Als Thomas Jesus als lebendigen Beweis vor Augen hatte, rief er Jesus zu: „Mein Herr und mein Gott!" Und Jesus akzeptierte diese Worte ohne Widerrede[20].

Wer könnte wie Jesus solche Aussagen über sich selbst machen? C. S. Lewis schrieb hierüber:

„Wie töricht ist es zu sagen: ‚Ich bin bereit, Jesus als einen großen Gesetzeslehrer zu akzeptieren, aber ich kann seinen Anspruch, er sei Gott, nicht anerkennen.‘ Ein normaler Mensch, der solche anmaßenden Dinge über sich selbst ausspricht, könnte niemals ein großer

16 Johannes 11, 25
17 Johannes 5, 22—24
18 Johannes 6, 29
19 Johannes 16, 8. 9
20 Johannes 20, 24—29

Gesetzeslehrer sein. Er wäre entweder genauso geistesgestört wie einer, der von sich behaupten würde, er sei ein Spiegelei, oder er wäre der größte Betrüger. Man kommt nicht um eine Entscheidung herum. Es gibt nur diese drei Möglichkeiten: Man kann ihn für einen Narren halten, ihn als Lügner bezeichnen oder vor ihm niederfallen und ihn Herr und Gott nennen. Aber man kann nicht die unsinnige Behauptung aufstellen, er sei ein großer menschlicher Lehrer[21]."

War er ein gerissener Betrüger? Nicht einmal solche Gelehrte, die entschiedene Gegner des Christentums sind, würden diesen Gedanken hegen. Die Makellosigkeit des Lebens Jesu, die offensichtliche Aufrichtigkeit seiner Lehre, ja sein großer Haß gegen alle Heuchelei strafen solche Verdächtigung Lügen, zumal sich seine Lebenseinstellung auf seine Nachfolger übertrug.

War er geistig nicht normal? Auch darauf ist zu antworten, daß kritische Gelehrte in allen Jahrhunderten sein vorbildliches Leben und seine überragende Intelligenz bestaunt haben. Nichts in seinem Leben bietet den geringsten Anlaß zu solch einer Behauptung.

War er dann, was er zu sein behauptet — Gott, Retter und rechtmäßiger Herr der Menschen?

21   C. S. Lewis, *Mere Christianity*, S. 52, 53.

Kapitel 3

Die Wunder Jesu

Immer wieder werden die Berichte über die Wunder in der Bibel kritisiert. Der geschulte Verstand ist nicht ohne weiteres bereit, ein Durchbrechen der entdeckten Naturgesetze anzuerkennen.

Der große antichristliche Philosoph David Hume behauptete, es gäbe keine Wunder. Er hatte sich in seiner dogmatischen Einstellung so stark festgelegt, daß er nicht einmal bereit war, ein mögliches Vorhandensein solcher unerklärbaren Ereignisse in Betracht zu ziehen[1]. Diese Geisteshaltung mag einen Laien wohl ansprechen, ist aber kaum die Einstellung eines Wissenschaftlers[2]. Bewiesene Tatbestände zu leugnen, weil sie unserer bisherigen Erfahrung widersprechen, bedeutet nichts anderes, als einem groben Irrtum zu verfallen. Rechte wissenschaftliche Einstellung weiß darum, daß jeder neue Faktor, der unserer Erfahrung Gewalt antut, dieselbe zugleich erweitert.

Es geht hier um die wesentliche Frage, ob es das Übernatürliche gibt. Ist Gott wirklich Gott, dann muß er logischerweise auch dazu imstande sein, jedes Natur-

---

1 *An Enquiry Concerning Human Understanding*, Sektion X, 'Of Miracles', Div. 99.
2 Interessant ist die Bemerkung von Dr. Macalister, ehemaliger Professor der Anatomie in Cambridge: „Es ist meine Erfahrung, daß das Nichtglauben an Gottes Offenbarung durch Leben und Wort, Tod und Auferstehung unseres Heilandes unter den — wie ich sie nennen möchte — Halbgelehrten viel mehr verbreitet ist als unter denen, für die wissenschaftliche Arbeit Lebensaufgabe ist." (A. Rendle Short, *Modern Discovery and the Bible*, S. 19).

gesetz aufzuheben, wann immer er will. War Jesus wirklich Gott, dann muß diese Macht auch ihm zugeschrieben werden.

Das Neue Testament berichtet von zahlreichen Wundern, die Jesus vollbracht hat. Er öffnete Blinden die Augen, er brachte Lahme zum Gehen, er heilte viele Krankheiten und gab sogar Toten das Leben wieder. Seine Macht war aber nicht etwa auf das Heilen beschränkt. Er bewies ebenso seine Gewalt über die Natur. Auf seinen Befehl hin legten sich Sturm und Wellen. Durch seine Anweisung wurde Wasser zu Wein. In seiner Hand vermehrten sich Brote und Fische.

Die heidnische Mythologie hat zwar viele „Wundergeschichten" aufzuweisen. Die Wunder Jesu unterscheiden sich jedoch grundlegend. Charakteristische Merkmale der phantasiereichen heidnischen Mythen sind entweder Streben nach Selbstverherrlichung, der Wunsch, blutige Rache an Gegnern zu üben, oder in unmoralischen Begierden zu schwelgen. Die Wunder Jesu dagegen werden in einfachen, würdigen Worten erzählt. Sie zeigen wohl Jesu Vollmacht, aber ihr eigentliches Ziel ist nicht nur vergängliche Freude. Jesus tat Wunder, um bedürftigen Menschen zu helfen und gleichzeitig seine Botschaft zu veranschaulichen. Bei allen Wundern spürt der Leser etwas von der Liebe, die Jesu Handeln motivierte. Seine Wunder standen in vollem Einklang mit seinem Charakter. Niemals tat er sie, um Sensationslust zu befriedigen, sondern immer, um aufrichtig Fragenden zu beweisen, daß er von Gott ist.

Man könnte immer noch entgegenhalten, daß Jesus nicht der einzige war, der Wunder tat. Selbst die Bibel spricht den Magiern des Pharao übernatürliche Taten zu[3]. Das Einzigartige bei Christus ist nicht nur, daß er die Naturgesetze durchbrechen konnte, sondern auch, daß seine Wunder immer mit seinem eigenen Charakter und seiner ganzen Lehre im Einklang standen.

Das Alte Testament — lange vor der Zeit Jesu geschrieben — enthält viele Vorhersagen die Zeit betreffend, wenn ein Messias oder Erlöser kommt. Dieses messianische Zeitalter sollte durch große Wunder gekennzeichnet sein. Vor allem der Prophet Jesaja erwähnt Heilungen als Begleiterscheinungen.

Wer versucht, die Wunder Jesu zu widerlegen, muß sich mit der Frage auseinandersetzen: Warum werden die Wunder in der Heiligen Schrift berichtet? Verschiedene Antworten wurden hierauf gegeben: (1) Die Zeugen hatten Halluzinationen. (2) Die Schreiber versuchten bewußt, irrezuführen. (3) Die Wunderberichte sind Interpolationen in den ursprünglichen Text. (4) Die beschriebenen Ereignisse lassen sich anhand der Naturgesetze erklären. (5) Die Wunder geschahen tatsächlich.

(1) *Die Zeugen hatten Halluzinationen.* Jeder Psychologe würde die Unwahrscheinlichkeit dieser Theorie bestätigen. Natürlich gibt es Menschen, die für Halluzinationen anfällig sind. Aber daß so viele verschieden geartete Leute aus allen Schichten zur selben Zeit die gleichen Halluzinationen haben sollten, ist doch vollkommen ausgeschlossen. Bedenken wir auch, daß Jesu

---

3 2. Mose 7—10. Die Zauberer konnten wohl üble Dinge wirken, waren aber nicht in der Lage, sie wieder zum Verschwinden zu bringen. An einem gewissen Punkt stellten sie sogar fest, daß sie nichts mehr vermochten, und daß größere Macht von Gott allein käme (2. Mose 8, 14. 15). Christus selbst sagte: „Denn mancher falsche Christus und falsche Propheten werden aufstehen und große Zeichen und Wunder tun, so daß, wenn es möglich wäre, auch das Volk Gottes verführt würde" (Matth. 24, 24). Vgl. dazu Offenbarung 13, 14; 16, 14; 19, 20.

Wunder sowohl von seinen Freunden als auch von seinen Feinden gesehen wurden.

(2) *Die Schreiber versuchten bewußt, irrezuführen.* Daß Christi Jünger diese Wunder niedergeschrieben, nur um Leute zu betrügen und sie so zur Nachfolge Jesu zu bringen, ließe sich unmöglich vereinbaren mit ihrem Charakter. Ihre Lehre zeugt von einem heiligen Lebenswandel. Sie waren bereit, ihr Leben für das hinzugeben, was sie glaubten. Es ist abwegig, zu meinen, sie hätten ein Betrugsmanöver derartig auf die Spitze getrieben. Fast alle Jünger Jesu starben als Märtyrer. Zwar sind viele Menschen als Märtyrer gestorben, aber wie viele wären bereit, für eine falsche Lehre zu sterben, die sich dazu noch teilweise auf persönliche imaginäre Vorstellungen und auf versuchten Betrug gründet?

Außerdem gibt es nicht einen einzigen Bericht aus jener Zeit, der diese Geschehnisse leugnet. In den Schriften des Talmud versuchten die jüdischen Rabbis auf jede Weise, Jesus zu erniedrigen und zu vernichten. Deshalb schrieben sie seine Wunder dem Bösen zu. Celsus, ein Philosoph des zweiten Jahrhunderts und Kritiker des Christentums, erklärte sie als Zauberei. Justinus berichtet, daß sie in den offiziellen Annalen des Prokurators Pilatus aufgezeichnet seien.

(3) *Die Wunderberichte sind Interpolationen in den ursprünglichen Text.* Diese Meinung besagt, daß die Berichte über die Wunder Jesu zu einer späteren Zeit in den Text eingefügt wurden, womöglich als Legenden über Jesus in Umlauf waren[4].

---

4 Dies ist die Ansicht vieler Moslems. Jedoch der bekannte indische Moslem Sir Sayyid Ahmad Khan, Begründer des Aligarth College im Jahre 1862, schrieb eine Abhandlung, um den Moslems

Der neutestamentliche Text ist besser belegt als alle anderen Schriften der Antike. Von den Schriften Platos, den griechischen Tragödien und anderen früheren Werken existieren nur noch wenige Manuskripte. Selbst diese sind Abschriften, die wesentlich später angefertigt wurden als die ursprünglichen Texte. Zu dem Text des Neuen Testamentes dagegen sind etwa 3000 Manuskripte vorhanden, ebenso verschiedene frühe Übersetzungen und zahlreiche Zitate der Kirchenväter.

Fast alle — wenn nicht sogar alle — Urschriften des Neuen Testamentes wurden nach Meinung der meisten Gelehrten vor dem Jahre 100 n. Chr. vollendet, also innerhalb von siebzig Jahren nach Christi Tätigkeit. Viele der Bücher sind bereits dreißig oder fünfzig Jahre früher verfaßt worden, noch zu Lebzeiten vieler Augenzeugen. Jedes der Bücher wurde entweder von einem Augenzeugen geschrieben oder von einem Menschen, der in enger Verbindung zu solch einem Zeugen stand. Sowohl mündliche Überlieferung (vieles davon war zweifellos nach jüdischer Tradition auswendig gelernt) als auch kurze Aufzeichnungen der Ereignisse aus dem Leben Jesu waren bereits weithin verbreitet, als

zu beweisen, daß der Koran an keiner Stelle Juden oder Christen einer Änderung des Bibeltextes beschuldigt.
Wesentlich älter als dieses Zeugnis ist das von Fakhruddin Razi (1150—1210 n. Chr). Gestützt auf die Autorität von Ibn 'Abbas, einem Neffen Mohammeds, machte er folgende Aussage:
„Die Juden und die frühen Christen wurden verdächtigt, den Text des Tawrat und des Injil (Neues Testament) verändert zu haben; jedoch nach Ansicht berühmter Doktoren und Theologen war es nicht ratsam, den Text zu verändern, weil diese Schriften allgemein bekannt und weit verbreitet waren. Sie wurden von Generation zu Generation weitergereicht. Deshalb konnte keine Interpolation in ihnen vorgenommen (später nichts mehr hinzugefügt) werden, obwohl zugegeben werden muß, daß einige Leute ihre wahre Bedeutung und Auslegung unterschlugen. (Sayyid Ahmad, *The Mohammedan Commentary on the Holy Bible*, 7th Discourse, S. 81.)

diese Bücher geschrieben wurden[5]. Das zeigt beispielsweise auch die Übereinstimmung der Evangelien in den Gedankengängen und oft sogar in der Wortwahl. Die Mehrzahl der Bücher wurde bei den ersten Christen sofort als Wort Gottes anerkannt. Wir verfügen über Aufzeichnungen, die in einem Zeitraum von 50 Jahren nach der Veröffentlichung der neutestamentlichen Bücher entstanden sind. Sie erkennen die Bücher des Neuen Testamentes als Autorität an.

Textkritiker haben sich zur Aufgabe gemacht, in jahrelangem, sorgfältigstem Studium möglichst den exakten Wortlaut der Bibel herauszufinden. Nach präzisem wissenschaftlichem Verfahren verglichen die Textforscher Wort für Wort der über dreitausend griechischen Handschriften — Abschriften des Originals —, alte Übersetzungen aus der Zeit gegen Ende des zweiten Jahrhunderts und Zitate aus den Schriften der früheren Kirchenväter. Einige Fragmente der griechischen Unzial-Manuskripte stammen aus der Zeit um 175 oder 200 n. Chr. Die Chester Beatty Papyri wurden um 220—230 n. Chr. geschrieben und enthalten fast alle Bücher des Neuen Testamentes. In der John Rylands Library, Manchester, befindet sich ein Teil eines Papyrus Codex, der Verse aus dem Johannesevangelium enthält, die Deissmann in die Zeit des Kaisers Hadrian (117—138 n. Chr.) datierte. Dieses Manuskript wurde in Ägypten gefunden. War es dort entstanden, dann mußte also das Johannesevangelium bereits zu so früher Zeit dort bekannt gewesen sein.

Westcott, Hort und Kenyon werden als drei führende Textkritiker anerkannt. Über die Zuverlässigkeit des neutestamentlichen Textes sagen Westcott und Hort:

5   Lukas 1, 1

„Wenn man vergleichsmäßige Geringfügigkeiten wie z. B. Änderungen der Wortfolge, das Hinzufügen oder Auslassen des Artikels vor Eigennamen und ähnliches nicht beachtet, machen die Wörter, die Anlaß zu Zweifel geben, nicht mehr als den tausendsten Teil des ganzen Neuen Testamentes aus[6]."

Das ist gewiß ein geringes Maß an Unsicherheit. Dabei muß gesagt werden, daß dieser winzige Teil des umstrittenen Textes die grundlegenden Lehren des christlichen Glaubens in keiner Weise berührt.

Kenyon bemerkt:

„Der zeitliche Abstand zwischen den Originalschriften und dem frühesten Zeugnis darüber ist so gering, daß man ihm in der Tat keinerlei Bedeutung beimessen kann. Auch der letzte Zweifel darüber, ob die Schriften uns substantiell so überliefert worden sind, wie sie ursprünglich geschrieben wurden, ist damit beseitigt. Sowohl die *Echtheit* als auch die *allgemeine Integrität* der Bücher des Neuen Testamentes darf also als endgültig erwiesen gelten[7]."

(4) *Die Ereignisse lassen sich anhand der Naturgesetze erklären.* Hierbei wird besonders auf Jesu Heilungen hingewiesen. Diese Geschehnisse seien lediglich auf die Anwendung von Regeln der Psychologie zurückzuführen, da wir heute wissen, daß ein großer Prozentsatz von Krankheiten seelische Ursachen hat.

Diese Theorie kann jedoch gewisse Fakten nicht erklären. Mehrere Male berichtet die Bibel z. B., daß Jesus alle Menschen heilte, die zu ihm gebracht wurden, und nicht nur jene, deren Krankheit seelisch bedingt war.

6 *An Introduction to the Greek New Testament*, S. 564 f.
7 *The Bible and Archaeology*, S. 288 f.

Mehr noch, die Macht Jesu erstreckte sich viel weiter als die irgendeines Psychologen oder Psychiaters. Wer unter ihnen könnte wohl zu behaupten wagen, er hätte die Macht, einen *Toten zum Leben zu erwecken?* Und Jesus tat das in drei Fällen. Einmal hatte der Tote bereits vier Tage im Grabe gelegen, als Jesus ihn auferweckte.

Einige, die diese Geschehnisse nicht als Wunder anerkennen wollen, behaupten, daß sie alle mit Hilfe solcher Naturgesetze erklärt werden können, deren Anwendung nach dem Stand unserer wissenschaftlichen Kenntnisse heute noch nicht möglich ist. Ereignisse wie das Gehen des Petrus auf dem See und das Auferwecken der Toten waren dadurch möglich, daß Jesus diese wissenschaftlichen Prinzipien anwandte. Eines Tages werden ihrer Meinung nach auch wir in der Lage sein, solche Dinge zu praktizieren.

Zum ersten ist diese Theorie reine Vermutung. Die Wissenschaftler machen sich wenig Hoffnung, daß der Mensch jemals zu solchen Taten fähig sein wird. Zum anderen setzt diese These voraus, daß Jesus übernatürliches Wissen besaß und über wissenschaftliche Kenntnisse verfügte, zu denen bisher kein Mensch Zugang fand. Diese Tatsache allein würde eine einzigartige Verbindung mit Gott bedingen.

(5) *Die Wunder geschahen tatsächlich.* Weil es keinen anderen befriedigenden Grund dafür gibt, weshalb die Wunder berichtet wurden, können wir nur zu dem Schluß kommen, daß die Wunder wirklich geschehen sind.

Menschen führen immer wieder die verschiedensten Argumente an, um diese Wunder zu widerlegen. Vielleicht könnten einige Wunder tatsächlich aufgrund von wissenschaftlichen Forschungsergebnissen unseres 20. Jahrhunderts erklärt werden. Ein Wunder jedoch überragt alle anderen bei weitem. Es ist der Kernpunkt des Christusglaubens. Seit beinahe zwanzig Jahrhunderten versuchen die Menschen, dieses einmalige Wunder zu erklären — die Auferstehung Jesu Christi von den Toten.

Das größte aller Wunder

In dunkler Nacht kniete eine einsame Gestalt vornübergeneigt im Gebet. Von den Lippen kamen Schreie eines von Todesangst Gequälten. Er rang in Verzweiflung die Hände. Schweiß — ja sogar Blut — rann von seinem Körper herab. Minuten wurden für den Knienden zu Stunden. Endlich stand er auf und ging zu seinen Freunden — langsam, ruhig und mit festem Schritt. Plötzlich wurde die Stille der Nacht durch Schritte und Stimmengewirr unterbrochen. Aus der Dunkelheit tauchte eine Gruppe lärmender, bewaffneter Soldaten auf. Ruhig trat der Mann ihnen entgegen. Es war Jesus Christus.

Die Geschehnisse jener Nacht hallen durch die Geschichte als schändliches Beispiel für den Mißbrauch von Macht. Als ein Mann, an dem sein Richter kein Unrecht finden konnte, wurde er zum Tode des Verbrechers verurteilt. Jesu Leiden war unermeßlich. Verhöhnt von der schaulustigen Volksmenge und verlassen von fast allen seinen furchtsamen Freunden hing er zwischen zwei Übeltätern am Kreuz. Der erfahrene Leiter des Exekutionskommandos stellte eindeutig fest, daß Jesus gestorben war. Der Mann, der behauptet hatte, er sei Gott, war tot!

Freunde nahmen seinen Leichnam und legten ihn weinend in ein neues Grab. Seine Feinde fürchteten noch immer die Macht des Mannes, den sie gekreuzigt hatten. Darum versiegelten sie das Grab und stellten außerdem eine Wache davor. Die Macht dieses Mannes mußte endgültig gebrochen werden!

Am frühen Sonntagmorgen gingen niedergeschlagene, trauernde Freunde Jesu zum Grab, um ihrem geliebten Herrn die letzte Ehre zu erweisen. Was sie dort vorfanden, verwunderte und verwirrte sie. Der mächtige Felsblock war vom Eingang entfernt worden, und das Grab war leer! Im Grab lagen die Totenkleider; der Leichnam selbst aber war verschwunden!

Danach sahen ihn seine Nachfolger — zuerst Maria, dann die anderen und schließlich sogar mehr als fünfhundert Menschen auf einmal. Im ersten Moment konnten sie es nicht glauben, daß es wirklich Jesus war. Aber später wurden sie fest davon überzeugt. Diese Männer dienten Jesus in solcher Vollmacht und Hingabe, daß seine Botschaft in den folgenden Jahren in der ganzen damals bekannten Welt verbreitet wurde.

Das ist in groben Umrissen der Bericht, den uns die Bibel gibt. Die Bedeutung dieses Geschehens kann man nicht von der Hand weisen. Denn auf ihm ruht der christliche Glaube! Für einen Christen ist die Auferstehung der Beweis dafür, daß Christus wahrhaftig Gott ist, daß sein Leben und sein Tod Gottes Plan verwirklichen. „Aber man kann doch nicht einfach blindlings an ein Wunder glauben!" Welchen Beweis für die Auferstehung können wir anbieten?

Eines der besten Argumente für die Auferstehung Jesu ist die simple Frage: Was geschah mit dem Leichnam?

Daß Jesus gelebt hat, ist eine wohlfundierte geschichtliche Tatsache. Jahrhundertelang haben die Menschen an der Frage des offenen Grabes herumgerätselt[8] und vergeblich versucht, eine befriedigende Antwort zu finden. „Die Jünger stahlen den Leichnam", sagen die einen. „Der Leib blieb im Grabe", behaupten die anderen. Oder: „Die Jünger hatten eine Vision von Jesus." „Er war nur scheintot." Das sind nur einige Antworten. Wir wollen die wichtigsten Theorien auf ihren Wert hin untersuchen.

(1) *Die Jünger stahlen den Leib Jesu.* Dies war die erste Erklärung, die von den Gegnern des Christentums angeboten wurde (Matthäus 28). Eine Wachmannschaft aus Soldaten — ob Römer oder Juden, sagt die Bibel nicht ausdrücklich — war am Grab Jesu stationiert worden. Ein römischer Wachtposten wußte, daß ein Versagen auf Wache für ihn den sicheren Tod bedeutete. Für einen jüdischen Wachsoldaten wäre die Strafe geringer, aber immer noch schwer genug gewesen. Daß ein Dutzend bunt zusammengewürfelter, unorganisierter Männer, die zudem noch von Panikstimmung erfüllt waren, an den wachestehenden Soldaten vorbeigekommen wären — und das, ohne größere Unruhe zu machen —, klingt nicht sehr überzeugend.

Aus psychologischer Sicht betrachtet ist diese These absurd. Die Jünger sind als moralisch hochstehende Menschen bekannt. Ein solcher Betrug ließe sich keineswegs mit ihrem aufrichtigen Charakter vereinbaren. Außerdem sei daran erinnert, daß der Tod Jesu die Jünger in solch furchtbaren Schrecken versetzte, daß sie panikartig flohen. — Doch nach einigen Wochen waren sie

---

8 Antike nichtchristliche Bemerkungen über das leere Grab finden sich bei E. M. Blaiklock, *Out of the Earth*, S. 42—49.

vollkommen umgewandelt. Kühn traten sie auf und predigten ungeachtet aller scharfen Opposition die Auferstehung Jesu. Sie alle nahmen lieber Schwierigkeiten, Verfolgung und sogar den Tod auf sich, statt ihren Glauben zu verleugnen. In allen Jahrhunderten haben Menschen ihr Leben um einer Sache willen geopfert. Aber wer würde wohl freiwillig um einer Lüge willen leiden, die weder ihm noch anderen eine Hilfe bedeutet?

(2) *Sein Leichnam wurde von irgend jemand anderem gestohlen, der seine Gründe dafür hatte.* Alle modernen Gelehrten verwerfen diese Theorie. Man kann sich keine Motive für diese Tat vorstellen außer denen, die bereits im Zusammenhang mit den anderen Theorien hier besprochen wurden.

Die ersten Christen begründeten ihren Glauben an die Auferstehung Jesu nicht nur mit der Tatsache des leeren Grabes. Sie verkündigten, den auferstandenen Christus gesehen zu haben! Einige hatten ihn berührt und mit ihm gegessen. Einer unter ihnen betastete in Gegenwart anderer die Nägelmale in seinen Händen und die Speerwunde in seiner Seite. Die ersten Christen sahen nicht alle den auferstandenen Christus; sie hatten aber größtes Vertrauen zu dem Zeugnis derjenigen, die ihn gesehen hatten[9]. Die Frage, ob diese Erscheinungen Christi möglicherweise nur Illusionen waren, wird im nächsten Punkt behandelt.

9 Bereits um das Jahr 112 n. Chr., als noch Christen lebten, die die Jünger persönlich gekannt hatten, schrieb der Gouverneur Plinius an Kaiser Trajan:
„... Vorläufig bin ich gegen die, die mir als Christen bezeichnet wurden, folgendermaßen verfahren: Ich fragte sie, ob sie Christen wären. Gestanden sie das ein, so fragte ich sie unter Androhung der Todesstrafe zum zweiten und dritten Male; blieben sie dann noch verstockt, so ließ ich sie hinrichten ... Man legte mir ein

Nicht die Tatsache des leeren Grabes, sondern der persönliche Kontakt mit dem lebendigen, auferstandenen Christus machte aus den furchterfüllten, enttäuschten Jüngern mutige, dynamische Verkündiger seiner Auferstehung. Es war der unverkennbare Anblick Jesu, der sie veranlaßte, Tod und Auferstehung Jesu zum Mittelpunkt ihrer Verkündigung zu machen. Wollte man leugnen, daß sie tatsächlich Christus nach seiner Auferstehung gesehen hatten, würde man sie als Lügner und Narren bezeichnen, weil sie diese Lehre weitergaben und dafür starben.

Ist Christus nicht auferstanden, dann muß auch er selbst ein Lügner oder ein in höchstem Grade irregeführter Mensch gewesen sein, hatte er doch wiederholt betont, daß er von den Toten auferstehen würde.

(3) *Der Leib blieb im Grabe.* Hierzu gibt es verschiedene „Erklärungen". Einmal sollten die Jünger Jesus in einer Vision gesehen haben; seine Erscheinungen beruhen lediglich auf Täuschungen. Eine andere Auslegung besagt, daß sich die Frauen im Zwielicht des frühen Morgens ganz einfach im Grab irrten. Schließlich wird vermutet, die Geschichte über den Besuch der Frauen am Grabe sei in einer späteren Zeit ersonnen worden.

Die Geschehnisse im Zusammenhang mit der Auferste-

---

anonymes Schreiben vor, das die Namen zahlreicher Personen enthielt. Doch diese leugneten zum Teil, überhaupt jemals Christen gewesen zu sein, riefen nach der Formel, die ich ihnen vorsprach, die Götter an, opferten Deiner Büste, die ich zu diesem Zwecke mit den Bildnissen der Götter hatte herbeibringen lassen, mit Wein und Weihrauch und lästerten außerdem Christus: alles Dinge, zu denen sich, wie es heißt, wahre Christen nicht zwingen lassen; diese glaubte ich freilassen zu können …" *(Quellenbuch zur Kirchengeschichte I, iii, 1, S. 15. 16.)*

hung widersprechen allem, was uns über Visionen bekannt ist. Visionen sind ein persönliches Erleben. Aber über fünfhundert Menschen von verschiedenster Herkunft behaupten, miteinander Jesus gesehen zu haben[10]. Außerdem hatten diese Leute überhaupt nicht damit gerechnet, Christus zu sehen. Berichte über die Erscheinungen Jesu kamen drei Tage nach seinem Tode auf, bevor Erdichtungen und Legenden entstehen konnten. Nach vierzig Tagen brachen die Erscheinungen so plötzlich ab, wie sie begonnen hatten. In keinem anderen bekannten Fall wurden Visionen in solcher Weise erlebt.

Die nächste Auslegung besagt, daß der Tag noch nicht dämmerte, als die Frauen sich zu ihrem Liebesdienst auf den Weg machten. Die Folge war, daß sie versehentlich zum falschen Grab gingen. Der „Engel", der sie grüßte, war lediglich der Gärtner und wollte sie auf ihren Fehler aufmerksam machen. Das klingt sehr einleuchtend, jedoch nur solange, bis man sich die Einzelheiten näher besieht. Wenn es für die Frauen zu dunkel war, das Grab zu erkennen, dann war es gewiß auch für einen Gärtner zu dunkel zum Arbeiten. Als später der Aufruhr wegen der Auferstehung begann, wäre es sehr einfach gewesen, diese durch das Herbeiholen des Gärtners zu widerlegen. Schließlich läßt diese Theorie auch die Ausflüchte der jüdischen Führer unerklärt. Warum verfaßten sie eine so primitive Geschichte, daß

---

10   „... daß Christus gestorben ist für unsere Sünden ... daß er begraben ist; und daß er auferstanden ist nach der Schrift; und daß er gesehen worden ist von Kephas, danach von den Zwölfen. Danach ist er gesehen worden von mehr als fünfhundert Brüdern auf einmal, von denen die meisten noch heute leben..." (1. Kor. 15, 3—6).
Diese Stelle wurde im Jahre 56 n. Chr. geschrieben, während noch Augenzeugen lebten. Hätten diese Leute Jesus nicht gesehen, wie berichtet wird, so wäre diese Aussage widerlegt worden.

die Jünger den Leichnam gestohlen hätten, wenn er doch noch da war? Wenn man einfach hätte sagen können: „Seht doch, da liegt er, der tote Jesus!"

Wer behauptet, daß die Geschichte des Besuchs der Frauen am Grabe später hinzugefügt wurde, sollte folgendes bedenken: Als Jesus gekreuzigt wurde, flohen seine Nachfolger schreckerfüllt. Mit dem Tode ihres Führers zerbrachen alle ihre Hoffnungen und Wünsche. Was verursachte die plötzliche Veränderung in den Jüngern? Jesus hatte wiederholt gelehrt, daß er sterben und am dritten Tage auferstehen werde. (Diese Lehre veranlaßte die jüdische Regierung, von den Römern eine Wache für das Grab zu erbitten.) Stellen wir uns eine Gruppe von Männern vor, die glühende Verehrer Christi waren. Sie liebten ihn, sie befolgten seine Lehren, sie glaubten seinen Aussagen über sich selbst, sogar der Behauptung, daß er Gott sei. Alles, was er gesagt hatte, hätte sich als wahr erwiesen, d. h. alles außer der Angabe, daß er auferstehen werde. Selbstverständlich könnten nun seine Nachfolger nicht länger behaupten, daß er Gott sei, wenn er sich einer falschen Voraussage schuldig gemacht hätte. Entweder müßten sie sich jetzt von ihm abwenden oder versuchen, für diese falsche Angabe eine Erklärung zu finden, z. B. daß man Jesu Worte als Symbol, als geistliche Auferstehung deuten solle. Jesus lehrte schließlich oft in Gleichnissen. Es gibt aber keinen Bericht darüber, daß die Urchristen das versucht hätten. Ganz im Gegenteil gaben sie ihr Leben hin für die Predigt von der leiblichen Auferstehung Christi. Warum?

Oftmals kann die geschichtliche Wahrheit einer Erzählung durch scheinbar unbedeutende Details untermauert werden, z. B. durch Dinge, die ein späterer Schreiber gewiß übersehen hätte. Eine interessante Einzelheit der Auferstehungsgeschichte ist der Zeitraum von sieben Wochen, der zwischen der Auferstehung Christi und dem kühnen Auftreten der Jünger liegt. Der biblische Bericht sagt nur wenig über diesen Zeitraum aus. Wäre es lediglich eine erdachte Geschichte, so hätte der Schreiber gewiß nicht ohne Erklärung solch eine Lücke gelassen. Höchstwahrscheinlich hätte er der Auferstehung sofort dramatische Nachwirkungen folgen lassen. Oder er hätte diesen Wochen des Wartens einen wesentlichen Sinn gegeben.

Die treffendste Entgegnung auf die erwähnten Thesen ist die Frage: Warum wurde die Leiche nie als Beweis vorgebracht?

Zwei Monate nach dem Tode Jesu standen die Jünger auf den Straßen Jerusalems und verkündigten die Auferstehung des von den jüdischen Führern hingerichteten Mannes. Stellen wir uns einmal diese Situation vor! Für die Zuhörer gab es zwei Alternativen. Entsprach die Predigt der Wahrheit, dann hatten sich also die jüdischen Führer eines abscheulichen Verbrechens schuldig gemacht. War sie aber falsch, dann mußte das Christentum schon aus moralischen Gründen ausgelöscht werden. Die Obersten der Juden waren gezwungen, etwas zu unternehmen, um ihre Stellung zu verteidigen. Die beste Antwort wäre gewesen, einfach den Leichnam hervorzuholen. Das Grab lag ja nicht weit von der Stadtmauer. Aber der Leib Christi wurde niemals vorgewiesen, obwohl die Führer der Judenschaft auf mancherlei Weise versuchten, die Stimmen der Christen zum Schweigen zu bringen. Sie verklagten sie, verspotteten sie, schlugen sie, verfolgten sie auf jede erdenkliche Weise und töteten sie. Dennoch schlossen sich mehr und mehr Menschen den Christen an. Das Vorzeigen des Leichnams Jesu hätte dies alles verhindert.

Es ist bezeichnend, daß das Christentum seinen gewaltigen Anfang in Jerusalem, in der Nähe des Grabes, hatte. Bereits innerhalb weniger Jahre nach dem Tode Jesu bekannten sich Tausende von Menschen zu ihm. Ein Berichterstatter schreibt, daß schon nach sechs Jahren die Zahl der Christen in dem Gebiet, in dem Jesus lebte und starb, größer war als die Zahl der Nichtchristen[11]. Ungefähr fünfundzwanzig Jahre später sagte ein Gemeindeleiter dem Apostel Paulus: „Du siehst, wieviel tausend Juden gläubig geworden sind[12]." Professor Ramsay hat herausgefunden, daß das Christentum sich anfangs am stärksten unter den Gebildeten ausbreitete. Wie seltsam, daß niemand diese vielen jungen Christen mit dem Beweis des Grabes konfrontierte. Man kann es nur so erklären: weil Jesu Nachfolger die Wahrheit auf ihrer Seite hatten. Man findet keinerlei Andeutung, daß das Grab jemals zur Streitfrage geworden ist. Über das Grab wird nicht gesprochen. Es wird auch nicht aufgesucht. Im Gegensatz zu den Gewohnheiten anläßlich des Todes großer Führer gab es keine Pilgerzüge zum Grabe Jesu, um den Toten Ehrerbietung zu erweisen. (Weitere Argumente zu diesem Punkte siehe bei Theorie zwei.)

(4) *Er war nur scheintot.* Es war Sitte bei den Römern, den Gekreuzigten die Beine zu brechen. Damit wurde der Eintritt des Todes beschleunigt. Der Gekreuzigte konnte sich so nicht mehr mit den Beinen abstützen und der Erstickungstod trat nach fürchterlichen Qualen ein. (Sonst ist nicht einsichtig, warum ein Beinbruch den Tod

11   Hugh J. Schonfield, The Bible Was Right, S. 79.
12   Apostelgeschichte 21, 20

beschleunigt.) Als der Hauptmann zu Jesus herantrat, sah er, daß Jesus bereits gestorben war. Er hatte vielen Hinrichtungen beigewohnt und kannte die unfehlbaren Kennzeichen des Todes. Er brach ihm deshalb nicht die Beine. Statt dessen nahm er seinen Speer und stach Jesus in die Seite.

Nach der Abnahme vom Kreuz wurde der Leib Jesu gemäß der jüdischen Sitte zum Begräbnis vorbereitet. Das schloß in sich das straffe Umwickeln des ganzen Körpers mit einer langen Stoffbahn, bis er einem Kokon glich. In die Tücher wurden dabei bis zu zweihundert Pfund Gewürze eingelegt. Die Hände des Toten wurden an der Seite fest mit eingebunden. Sollte er zum Leben erwachen, könnte er sich unmöglich bewegen. Ein Entfliehen war völlig ausgeschlossen.

Sollte es Jesus doch möglich gewesen sein, das zu erreichen, hätte er noch immer vor der Aufgabe gestanden, den mächtigen Felsblock, der den Grabeseingang verschloß, zu entfernen — ein Felsblock so groß, daß drei Frauen ihn nicht wegrollen konnten. Bei seiner außerordentlichen Schwäche — verursacht durch die Folterungen und die drei Tage ohne Nahrung — wäre das undenkbar gewesen. Daß Jesus dies trotzdem geschafft hätte und dann noch nicht einmal von den Wachsoldaten bemerkt worden wäre, ist ebenfalls äußerst unglaubwürdig. Diese Wachtposten waren auf der Hut. Denn sie wußten, daß ihr Leben — und im Falle der jüdischen Wachsoldaten ihre gesicherte Existenz — von der rechten Ausübung ihres Dienstes abhing. Sie waren ausgebildete, gestählte Männer.

Gesetzt den Fall, Jesus hätte dieses Ungeheuerliche vollbracht, dann hätte er aber nun in seinem geschwächten Zustand den Jüngern erscheinen und sie davon überzeugen müssen, daß er den Tod besiegt habe. Seine Erscheinung hätte so überzeugend sein müssen, daß sich Bewunderung und Ehrerbietung der Jünger in Anbetung gewandelt hätten. (Die Folgerung daraus wäre, daß er sowohl ein Supermann als auch ein großer Lügner war, der über seinen Tod die Unwahrheit sagte. Außerdem wäre er ein Gotteslästerer, wenn er Anbetung entgegennähme, die eigentlich Gott gebührt. Das läßt sich aber nicht mit der Rolle eines Propheten vereinbaren (die Jesus oft zugesprochen wird).

Diese „Scheintod"-Theorie wurde von dem genialen deutschen Skeptiker D. F. Strauß scharf kritisiert:

„Ein halbtot aus dem Grabe Hervorgekrochener, sich Umherschleichender, der ärztlichen Pflege, des Verbandes, der Stärkung und Schonung Bedürftiger und am Ende doch dem Leiden Erliegender konnte auf die Jünger unmöglich den Eindruck des Siegers über Tod und Grab, des Lebensfürsten machen, der ihrem späteren Auftreten zugrunde lag; eine solche Auferstehung hätte den Eindruck, den er im Leben und Sterben auf sie gemacht hatte, nur schwächen, denselben höchstens elegisch ausklingen lassen, unmöglich aber ihre Trauer in Begeisterung, ihre Verehrung in Anbetung verwandeln können[13]."

(5) *Sein Körper wurde durch die Römer oder Juden beiseite geschafft* (vielleicht, um das Grab nicht zu einer Verehrungsstätte werden zu lassen). Die Bibel enthält einen Bericht, der sich übrigens auch in anderer urchristlicher Literatur findet: Die Juden gingen zum römischen Prokurator und baten um eine Wache, um ein Beiseiteschaffen des Leichnams zu *verhindern*. Als das „Ge-

13 D. Fr. Strauß, *Das Leben Jesu (für das deutsche Volk bearbeitet)*, 1864, Band I, S. 153/154.

rücht", Jesus sei von den Toten auferstanden, aufkam und sich ausbreitete, war die Obrigkeit zu einer Stellungnahme gezwungen, um dem Gerücht entgegenzuwirken. Das waren intelligente, hoch geschulte Männer. Zweifellos prüften sie sorgfältig jede nur mögliche Antwort. Wie unvernünftig von ihnen, dann die schwache Begründung zu geben: Die Jünger stahlen seinen Leib. Die „Wahrheit", daß die Obrigkeit das Entfernen des Leichnams aus dem Grabe angeordnet habe, wäre doch viel überzeugender gewesen. Die Leiche hätte gezeigt werden können, und das Gerücht wäre in sich selbst zusammengebrochen.

Vielleicht rechneten die Ältesten des jüdischen Volkes mit der Furcht der Jünger. Sie wußten, daß diese erschrocken geflohen waren und ihren Führer verlassen hatten, als ihr eigenes Leben in Gefahr geriet. Solche Männer ohne Rückgrat hätten doch niemals den Mut, frei und öffentlich einer Anschuldigung zu widersprechen. Diese Meinung schien durchaus gerechtfertigt, nachdem Woche um Woche verging und alles ruhig blieb. Natürlich konnten die Obersten der Juden nicht wissen, daß Jesus seinen Jüngern befohlen hatte, sich still zu verhalten, bis sie die Kraft des Geistes Gottes empfangen hätten. Fünfzig Tage später, am Pfingsttage, kam der Geist Gottes auf sie und machte aus den feigen und übervorsichtigen Männern solche, die ohne Zaudern alles aufs Spiel setzten, ihren guten Ruf, ihre Freundschaften und sogar ihr eigenes Leben, nur um den auferstandenen Herrn zu verkündigen.

Was immer die Obersten dazu geführt haben mag, zu behaupten, daß die Jünger den Leichnam Jesu gestohlen hätten, die freimütige Predigt der Jünger brachte sie in eine äußerst unbequeme Lage. Immer mehr Leute stellten sich auf die Seite der Jünger und wurden Christen. Wenn nichts anderes mehr den Zustrom zum Christentum aufhalten konnte, hätten die Obersten doch gewiß den sichersten Beweis gegen die Predigt der Jünger hervorgeholt — den Leichnam! (Siehe auch These zwei.)

(6) *Sein Leichnam wurde von Joseph von Arimathia weggebracht.* Nach dem Tode Jesu erhielt Joseph, ein reicher Bewunderer Jesu, die Erlaubnis, den Leib Jesu vom Kreuz abzunehmen und zu begraben. Der Sabbat war sehr nahe, als man den Leichnam vom Kreuz nahm. Den Juden war jegliche Arbeit am Sabbat verboten — selbst die Beerdigung der Toten. Gemäß dieser These legte Joseph den Toten schnell noch in sein eigenes Grab, weil es gerade in der Nähe war. Am Tage nach dem Sabbat überführte er ihn sofort an einen anderen Ruheplatz.

Das muß Joseph aber bereits in der Dunkelheit getan haben, bevor die Frauen am frühen Morgen zum Grabe kamen. Im anderen Falle hätten die Frauen entweder Joseph oder den Leichnam finden müssen. Für eine solche Arbeit war allerdings die Nacht eine ungewöhnliche Zeit.

Gewiß wäre auch bekannt geworden, daß Joseph den Leichnam fortgeschafft hatte. Es wäre dazu die Erlaubnis der Obrigkeit nötig gewesen, da ihn die Wache sonst nicht ans Grab herangelassen hätte. Die Obersten hätten also darum gewußt und im Notfall die Leiche hervorholen können. Die Verbreitung, die Leiche sei von den Jüngern gestohlen worden, wäre somit unbegründet gewesen.

(7) *Nicht Jesus, sondern jemand anderes wurde ge-*

kreuzigt. Sie töteten den Falschen. Außer bei gewissen mohammedanischen Denkern taucht diese These sonst nicht auf. Wiederholt haben viele Moslems zur Begründung dieser These auf das „Evangelium des Barnabas" hingewiesen. Dieses „Evangelium" erzählt, daß Judas in Jesu Gestalt verwandelt wird und an seiner Stelle am Kreuz sterben muß. Gelehrte haben dieses Schriftstück genauestens analysiert und es in das 15. oder 16. Jahrhundert datiert, d. h. gut 1400 Jahre nach der Lebenszeit des Barnabas. Nicht ein einziger Gelehrter, der das Werk durchgearbeitet hat, glaubt, daß es echt ist.

Viele mohammedanische Denker haben sich von dieser Theorie abgewandt, da sie eindeutige Widersprüche enthält. Sie können lediglich den Koran als Autorität anführen, und dieser wurde auch einige Jahrhunderte später geschrieben. Aber selbst der Koran argumentiert nicht eindeutig. Mindestens an zwei Stellen wird berichtet, daß Jesus starb, während andere Stellen von Moslems so ausgelegt werden, als sei Jesus nicht gestorben[14].

Jesus wurde von den zeitgenössischen Führern bis aufs Blut gehaßt. Tag für Tag spionierten sie herum und versuchten, ihm bei seinem öffentlichen Auftreten eine Falle zu stellen. Sie kannten ihn so gut, daß nur ein übernatürlicher Eingriff solchen Irrtum hätte herbeiführen können. Es ist behauptet worden, Gott habe die Menschen irregeführt, um diesen gerechten Mann nicht sterben zu lassen (obwohl andere gute Menschen den Märtyrertod sterben mußten, ohne daß Gott eingriff). Diesen Gedanken auch nur zu erwägen, bedeutet, Chri-

14 Geoffrey Parrinder, Jesus in the Qur'an, S. 105—121.

stus und seine Jünger zu Lügnern zu stempeln, haben sie doch sein Sterben und Auferstehen zum Mittelpunkt ihrer Lehre gemacht. Sogar die Propheten, wie Mose, David, Jesaja und andere, die von Tod und Auferstehung Jesu sprachen, müssen sich dann geirrt haben.

Wäre Jesus durch eine Personenverwechslung dem Tode entgangen, so hätte er immer noch seine Jünger betrügen und sie davon überzeugen müssen, daß er gestorben und auferstanden sei. Im anderen Falle hätten die Jünger ihr Leben für etwas gewagt, von dem sie wußten, daß es nicht auf Wahrheit beruhte. Nach seinem Tode zeigte Jesus ihnen die Nägelmale an seinen Händen und die Speerwunde in seiner Seite. Wäre es denkbar, daß ein heiliger Gott seine gläubigen Nachfolger so betrügt, daß er diese Male an Jesu Körper nur für Augenblicke sichtbar werden läßt? Das erscheint doch jedem denkenden Menschen unglaubwürdig.

Zuletzt sei noch gefragt: Wenn ein anderer für Jesus gekreuzigt wurde, was geschah dann mit dem Leichnam des Gekreuzigten?

Sämtliches Beweismaterial deutet darauf hin, daß Christus von den Toten auferstanden ist. In allen Jahrhunderten haben sich Menschen geweigert, das zu glauben, und doch hat niemand überzeugendes Beweismaterial oder eine einleuchtende Erklärung darüber vorlegen können, daß Christus nicht auferstanden ist. Menschen weigern sich, die Auferstehung als Tatsache hinzunehmen, weil sie die Konsequenzen daraus nicht ziehen wollen. Ist Christus nämlich wirklich von den Toten auferstanden, dann muß auch seine Behauptung stimmen, daß er Gott ist. Er beteuerte, der Erlöser zu sein, dem alle Menschen folgen und vertrauen sollten.

Kapitel 4

Die Autorität für den christlichen Glauben

Die Bibel ist für den Christen von außerordentlicher Bedeutung, denn er betrachtet sie als das Wort Gottes und die alleinige Autorität für seinen Glauben. Die Bibel zeigt ihm die Liebe Gottes zu den Menschen und den Weg, wie er sich einem heiligen Gott nahen kann.

Das Neue Testament ist unsere wesentliche Informationsquelle über Leben und Lehre Jesu. Christus bezeichnete das Alte Testament als Wort Gottes. Könnte man daher nachweisen, daß entweder das Alte oder das Neue Testament Irrtümer enthält, so müßte man auch Christus selbst in Frage stellen.

Ein einzigartiges Buch

Gegner des Christentums haben sich vergeblich bemüht, die Bibel auszurotten. In vielen Ländern galt schon der Besitz einer Heiligen Schrift als schweres Verbrechen. Dennoch sind Tausende von Menschen lieber gestorben, als sich von ihrem geliebten Buch zu trennen. Oft haben Regierungen zu Massenverbrennungen der Bibel aufgerufen.

Um das Christentum auszumerzen, drohte der römische Kaiser Diokletian jedem, der eine Abschrift der Bibel besaß, mit dem Tode. Sogar dessen Mitbewohner sollten hingerichtet werden, wenn sie solchen illegalen Besitz nicht anzeigten. Zwei Jahre darauf brüstete sich der Kaiser: „Ich habe alle christlichen Schriften aus der Welt geschafft." Als jedoch Konstantin später eine ansehnliche Belohnung für eine Abschrift der Bibel aussetzte, wurden ihm innerhalb vierundzwanzig Stunden fünfzig Bibeln vorgelegt.

Heute ist die Bibel das meistgelesene Buch der Welt. Voltaire behauptete mit größter Sicherheit, daß das Christentum innerhalb etwa eines Jahrhunderts ausgestorben sein werde. Interessant ist, daß das Haus, in dem Voltaire lebte, heute ein Depot der französischen Bibelgesellschaft ist, ein Ort, von dem schon Tausende von Bibeln ausgeliefert wurden!

Jeder, der die Bibel gelesen oder sich ernsthaft mit biblischer Literatur beschäftigt hat, wird zugeben müssen, daß die Heilige Schrift ein einzigartiges Buch ist. Ihre ältesten Teile haben mehr als dreitausend Jahre überdauert, während andere Literatur jener Zeit längst verschollen ist. Die moralischen und ethischen Lehren der Bibel werden von keinem anderen Buch übertroffen. In ihrer ganzen Geschichte wurde ihr Einfluß immer wieder an einzelnen Menschen und ganzen Volksgruppen sichtbar. Wohin sie auch kam, überall folgten ihr unmittelbar Erkenntnis und Fortschritt.

Die Bibel ist nicht nur außergewöhnlich in ihrer Unzerstörbarkeit und ihrem Einflußvermögen, sondern auch einzigartig, was ihren Verfasser angeht. Sie erhebt den Anspruch, von Menschen geschrieben zu sein, die unter der Leitung Gottes standen:

„David selbst hat durch den Heiligen Geist gesagt ...[1]"

1 Markus 12, 36

„Denn alle Schrift ist von Gott eingegeben und nütze zur Lehre, zur Aufdeckung der Schuld, zur Besserung, zur Erziehung in der Gerechtigkeit[2]."

„Denn es ist noch nie eine Weissagung aus menschlichem Willen hervorgebracht; sondern von dem Heiligen Geist getrieben haben Menschen im Namen Gottes geredet[3]."

„Eben nach diesem Heil haben die Propheten eifrig geforscht, als sie im Geist von dieser euch zugedachten Gnade sprachen. Sie wollten ergründen, auf welche Zeit und welche Ereignisse der Geist Christi, der bereits in ihnen wirksam war, hindeutete . . .[4]"

Mehr als vierzig Männer schrieben die Bibel und gebrauchten drei verschiedene Sprachen. Diese Männer kamen aus den unterschiedlichsten Lebensbereichen. Einer war König, der andere Hirte, wieder ein anderer Prophet, ein weiterer Steuereinnehmer, einer Arzt und einer Fischer. Sechzehnhundert Jahre vergingen, bis dieses Buch fertig war. Königreiche entstanden und zerfielen, die Zivilisation machte langsame Fortschritte. Dennoch bildet dieses Buch eine perfekte Einheit. Zum Ende des Buches hin werden die geistigen Anforderungen an den Leser größer. Dennoch kann man keine widersprüchlichen Gedankengänge oder Berichterstattungen darin finden. Ein Buch von so hoher Qualifikation wie die Bibel hätte unter den genannten Umständen niemals entstehen können — es sei denn, daß Gott hinter allem steht!

Sie ist das Buch, worauf die echten Christen ihren Glau-

2   2. Timotheus 3, 16
3   2. Petrus 1, 20. 21
4   1. Petrus 1, 10. 11

ben gründen. Die protestantische Reformation hatte zum Ziel, zur Bibel als der einzigen Autorität zurückzukehren, obwohl sich heute viele Protestanten aller Autorität entledigen möchten — sei es ein Glaubensbekenntnis, die Kirche oder die Bibel. Die römisch-katholische Kirche stellt die Tradition (die Interpretation der Bibel durch die Kirche) als gleichwertig neben das Wort Gottes. Wir verfügen über umfangreiches Beweismaterial für die Tatsache, daß die Bibel effektiv Gottes Wort und deshalb von göttlicher Autorität ist. Aber zusätzliche Schriften sowie der mündlichen Überlieferung fehlt dieser Autoritätsnachweis. Judas, einer der neutestamentlichen Schreiber, spricht von „dem Glauben, der ein für allemal den Heiligen übergeben ist[5].“

Selbstverständlich hat jeder, bevor er ein Buch anerkennt, das so ungeheure Ansprüche erhebt, das Recht, Beweise für die Wahrheit dieses Buches zu fordern. Die folgenden Seiten führen einige solcher Beweise an.

Die Zuverlässigkeit des Bibeltextes

Es gibt wesentlich mehr Beweismaterial für die Zuverlässigkeit des Neuen Testaments, als dies bei vielen klassischen Werken der Fall ist, die jedoch ohne Bedenken akzeptiert werden. Es ist bezeichnend, daß im allgemeinen Geschichtsforscher die Echtheit des Neuen Testamentes eher anerkannt haben als viele Theologen.

Die Frage der Unversehrtheit des neutestamentlichen Textes haben wir bereits besprochen[6]. Textkritiker —

5 Judas 3
6 s. S. 12—14

ob überzeugte Christen oder nicht — stimmen darin überein, daß der Text des Neuen Testamentes heute praktisch dem ursprünglich niedergeschriebenen entspricht. Zweifelhafte Stellen gibt es wenige; sie haben jedoch keinerlei Einfluß auf die grundlegenden Lehren.

Die Zuverlässigkeit des Alten Testaments ist ebenso frappant. Sir Frederic Kenyon ist eine anerkannte Autorität auf dem Gebiet der Textkritik. Er behauptet, daß das Alte Testament zuverlässig den Urtext wiedergibt. Seine Auffassung wurde durch die Handschriftenfunde der letzten Jahre bestätigt. Diese Handschriften stammen etwa aus den Jahren 100—230 v. Chr. und enthalten große Teile des Alten Testamentes.

Millar Burrows, Professor an der Yale Universität, kommentiert:

„Die archäologischen Forschungsergebnisse bestätigen die exakte Überlieferung des Textes durch die Jahrhunderte. Sie zeigen ebenfalls, daß nicht nur die Hauptgedanken, sondern auch die Worte der Urschriften — außer einigen unwichtigen Variationen — mit bemerkenswerter Genauigkeit wiedergegeben wurden. Es besteht kein Anlaß, die übermittelten Lehren anzuzweifeln[7]."

Die Hebräer waren ein außerordentlich religiöses Volk. Sie duldeten nicht einmal die geringste Abweichung von den ursprünglichen Dogmen. Die Verbreitung einer abgewandelten Lehre hätte bei Entdeckung den sicheren Tod bedeutet, selbst wenn durch diese Lehre Glauben an Gott hätte geweckt werden sollen. Darum waren sie äußerst sorgfältig im Überliefern und Abschreiben ihrer

7 Millar Burrows, *What Mean These Stones*, S. 42.

Schriften. Als konservativ eingestellte Nation waren sie nicht so schnell bereit, eine neue Idee oder Offenbarung zu akzeptieren. Sie forderten daher untrügliche Beweise für die Anerkennung der Schriften des Alten Testaments. Diese Schriften — natürlich mit Ausnahme des Schöpfungsberichtes und der Frühgeschichte der Menschheit — waren nicht sehr lange nach den berichteten Ereignissen verfaßt worden. Zeitgenossen hätten daher falsche Aussagen leicht widerlegen können. Das Alte Testament wurde jedoch von den Hebräern einstimmig als unfehlbares Wort Gottes angenommen.

Skeptiker haben wiederholt gespottet über einige in der Bibel berichteten unglaubwürdigen Ereignisse. Neue archäologische Entdeckungen bestätigten jedoch im wesentlichen den biblischen Bericht und brachten die Spötter zum Schweigen.

In seinem Buch „Archaeology and Bible History" führt Dr. Joseph Free zahlreiche Berichte und Einzelheiten der Bibel an, die vormals angezweifelt, jetzt aber durch archäologische Forschungen bestätigt wurden. Hier sind einige Beispiele:

„Die archäologischen Funde von Silo sind von großer Bedeutung, da kritisch eingestellte Gelehrte oft die Behauptung aufgestellt haben, die Geschichte der Bundeslade in Silo sei eine spätere Erfindung. Man beruft sich hier auf die These, daß der Teil des zweiten Buch Moses, der über die Bundeslade berichtet, erst im 6. Jahrhundert v. Chr. entstanden sein soll. Die Dänische Ausgrabung hat jedoch ergeben, daß Silo zur Zeit der Richter — wie in der Bibel angeführt — seinen kulturellen Höhepunkt hatte und zur Zeit Elis und Samuels ein Raub der Flammen wurde[8]." Das Volk der Hethiter wird sechsund-

8 Archaeology and Bible History, S. 149.

vierzigmal im Alten Testament erwähnt. Dies war eine weitere Zielscheibe des Spottes. Kein einziger antiker Bericht über Volkskunde führt die Hethiter an. Daraus wurde geschlossen, daß sie eine Erfindung der biblischen Schreiber seien. Die moderne Forschung hat jedoch entdeckt, daß die Hethiter zu den größten Nationen der Antike gehörten. In der heutigen Türkei wurden viele Skulpturen, Inschriften und andere Kunstgegenstände von ihnen gefunden.

Auch der biblische Bericht über die Eroberung Jerichos war für lange Zeit ein Angriffspunkt der Kritiker. Als Josua nach Jericho kam, erteilte Gott ihm einen ungewöhnlichen Auftrag. Er und sein Volk sollten sechs Tage lang einmal und am siebten Tag siebenmal still um die Stadt herum marschieren. Danach sollten sie gemeinsam einen lauten Schrei ausstoßen. Als sie dies taten, fielen die Stadtmauern flach zu Boden, so daß Josua und sein Volk in die Stadt eindringen und sie erobern konnte. Gottes Anordnungen folgend brannten sie die Stadt nieder, ohne sie vorher zu plündern (Jos. 6).

Professor John Garstang unternahm von 1930—36 Ausgrabungen an der Stadt Jericho. Seine Entdeckung war so überraschend, daß er noch weitere Wissenschaftler zu Rate zog, um von ihnen seine Funde bestätigen zu lassen. Gemeinsam schrieben sie:

„Der äußere Festungswall wurde am meisten beschädigt; seine Überbleibsel sind den Abhang hinunter gefallen. Die innere Mauer ist nur dort, wo sie an die Zitadelle und den 6 Meter hohen Turm angrenzt, stehengeblieben . . . Der Zwischenraum zwischen den beiden Mauern ist mit Trümmern und Schutt angefüllt. Man sieht deutliche Spuren eines gewaltigen Brandes, geschwärzte kompakte Ziegelmassen, geborstene Steine, verkohltes Holzwerk und Asche. Die Häuser sind längs der Mauer bis auf die Fundamente ausgebrannt, die Dächer über dem Hausgerät eingestürzt[9]."

Zusammenfassend sagt Garstang:

„Über die wesentlichen Tatsachen besteht kein Zweifel mehr: Die Mauern fielen nach außen um, und zwar so total, daß die Angreifer über ihre Ruinen steigen und die Stadt einnehmen konnten[9]."

Dies sind nur einige von zahlreichen Beispielen, die die Wahrheit der biblischen Berichte bestätigen. In jedem nachprüfbaren Fall hat sich die Bibel als vertrauenswürdig erwiesen. Über das Alte Testament sagt William F. Albright, ein führender Archäologe, folgendes aus: „Es ist nicht zu leugnen, daß die Archäologie die substantielle geschichtliche Glaubwürdigkeit der alttestamentlichen Überlieferung bekräftigt[10]."

In seinem gut fundierten Buch „Alter Orient und Altes Testament" betont Dr. K. A. Kitchen, Dozent für Ägyptisch und Koptisch an der Universität Liverpool, daß die Alttestamentler von den Forschungsergebnissen aus dem Antiken Orient kaum Gebrauch gemacht haben. Er erklärt, daß zahlreiche Theorien, die die Bibel widerlegen wollen, ohne jegliche beweisbare Fakten aufgestellt wurden. Weiterhin führt er aus, daß sich diese Theorien durch zusätzliche Forschungsergebnisse aus dem Alten Orient eindeutig als falsch erwiesen haben.

Ein Beispiel ist die Theorie, daß viele Teile des Alten Testaments (besonders die fünf Bücher Mose) eine spä-

9   John B. E. Garstang, *Joshua Judges*, S. 145, 146.
10   William F. Albright, *Archaeology and the Religion of Israel*, 1942, S. 176.

tere Ergänzung seien. Die erwiesenen Tatbestände haben jedoch die Bibel auf ihrer Seite:

„Die bei den alttestamentlichen Forschungen allgemein anerkannten Theorien waren — wenn auch genial erdacht und im einzelnen ausgearbeitet — größtenteils in ein Vakuum hineinkonstruiert, mit wenig oder gar keiner Bezugnahme auf den Alten Orient und anfänglich in Übereinstimmung mit *a priori* philosophischen und literarischen Prinzipien. Allein deswegen, weil sich die Angaben aus dem Alten Orient so viel besser mit der Struktur des gegenwärtig bestehenden Alten Testaments (in Geschichte, Religion und Literatur) decken als mit den theoretischen Rekonstruktionen, sehen wir uns veranlaßt, kritisch zu fragen und aufgrund gesicherter Unterlagen Theorien, ungeachtet ihrer Popularität, anzuzweifeln. Wir befürworten hier nicht eine Rückkehr zu ‚vorkritischen‘ Auffassungen und Traditionen nur um ihrer selbst willen oder aus Rücksicht auf die theologisch orthodoxe Meinung. Wenn einige der hier gewonnenen Ergebnisse einer traditionellen Auffassung nahekommen oder mit der konservativen Meinung übereinstimmen, dann einfach deshalb, weil die betreffende Tradition den biblischen Tatbeständen näher liegt, als für gewöhnlich erkannt wird. Wenn man auch nicht bloße Rechtgläubigkeit der Wahrheit vorziehen soll, ist es ebenso unrichtig zu leugnen, daß konservative Auffassungen zutreffen können[11].“

Sir William Ramsay ist durch seine Forschungen über die Antike berühmt geworden. Einst war er fest davon überzeugt, daß die Bibel — vor allem die Apostel-

---

11 Dr. K. A. Kitchen, *Alter Orient und Altes Testament, Probleme und ihre Lösungen, Aufklärung und Erläuterung.* R. Brockhaus Verlag.

geschichte des Lukas — unglaubwürdig ist. Als junger Professor machte er eine Studienreise nach Palästina und erwartete, viele Widersprüche zwischen biblischem Bericht und archäologischen Funden aufspüren zu können. Aber nach Jahren des Forschens mußte er seine Meinung ändern. Seine aufsehenerregenden Funde bestätigten immer wieder die biblischen Berichte. Dadurch gewann er den festen Glauben, daß die Bibel wirklich Gottes Wort ist. Seine Ansichten äußerte er wie folgt: „Ich bin überzeugt, daß der geschichtliche Bericht des Lukas in seiner Vertrauenswürdigkeit unübertroffen ist. Man könnte die Worte des Lukas genauer prüfen als die eines jeden anderen Historikers, und doch würden sie intensivster Untersuchung und strengster Analyse standhalten[12].“

Moderne Wissenschaft und ein altes Buch

Wenn es auch nicht das Ziel der Bibel ist, wissenschaftliche Informationen zu geben, so ist sie doch einzigartig sowohl in ihren korrekten Angaben, welche wissenschaftliche Fakten berühren, als auch in ihrer Zurückhaltung. Dies zeigt sich besonders, wenn man sie mit anderen alten Werken vergleicht, die voll von irrealen Darlegungen sind.

Einer der Bibelabschnitte, über die am meisten disputiert worden ist, ist der Schöpfungsbericht in 1. Mose 1. Auf verschiedene Weise hat man die Entstehung der Welt zu erklären versucht. Sogar Christen sind darin nicht immer einer Meinung. Das Ziel des biblischen Be-

---

12 Sir William Ramsay, *Luke the Physician,* S. 177—179.

richtes liegt nicht darin, eine detaillierte Erklärung über die Entstehung der Naturwelt und des Weltalls zu geben. Vielmehr betont er, daß Gott der Schöpfer alles Seins ist.

Die biblischen Angaben stehen mit den Ergebnissen der modernen Wissenschaft in Einklang. Verschiedene Wissenschaftler haben Tabellen aufgestellt, um diese erstaunliche Übereinstimmung aufzuzeichnen[13].

In unseren Museen und Bibliotheken befinden sich Schöpfungsberichte biblischer Zeitgenossen, die ausschließlich phantastische mythische Vorstellungen enthalten. Unter allen archäologischen Funden fand sich kein einziger Bericht wie der im 1. Buch Mose.

Ein guter Wissenschaftler muß alle sachdienlichen Fakten in Betracht ziehen. 1. Mose 1 behandelt zufriedenstellend die allerwichtigste Tatsache (was keine andere Religion oder Philosophie je zustande brachte): der Mensch ist mehr als bloße Materie, er ist eine Persönlichkeit mit wesenseigenen Erfahrungen — der Entscheidungsfreiheit, der Geltung, der Liebe, der Gemeinschaft und anderer Vorzüge —, die das Leben sinnvoll machen. 1. Mose 1 begründet dies mit der Tatsache, daß Gott den Menschen nach seinem Bilde geschaffen hat.

Dr. Harry Rimmer berichtet ein Erlebnis, das er während einer Vorlesung hatte, als er auf die Stiftshütte in der Wüste zu sprechen kam. „Mose hatte eine Ant-

13 Walter Beasley, *Creation's Amazing Architect*. Beasley hat eine Tabelle aufgestellt, in der er die Reihenfolge der Schöpfungsereignisse gemäß 1. Mose und anderen Bibelstellen festgehalten hat und aufzeigt, wie dieselbe mit den modernen wissenschaftlichen Gedanken harmoniert.
Peter Stoner, *Science Speaks*. Stoner verzeichnet dreizehn Ereignisse im Schöpfungsbericht und demonstriert ihre Wechselbeziehung zu der von den Wissenschaftlern vermuteten Reihenfolge.

wort auf ein Problem, das die Techniker in der Wüste noch heute beschäftigt", erklärte Dr. Rimmer. „Er war in der Lage, einen festen Bau auf einem Fundament von Sand zu errichten."

Am Ende der Vorlesung stand ein Ingenieur auf und sagte: „Ich möchte zum Thema Stiftshütte noch etwas hinzufügen. Einer meiner Freunde entwarf kürzlich eine Art Schlafhütte für Bautrupps, die in der Wüste arbeiten. Dabei verwendet er die genannte Methode der doppelten Verbindung von Wandteilen durch Bolzen und Ösen. Er bewarb sich um ein Patent, das ihm aber nicht gewährt wurde. Ein zuständiger Experte entgegnete ihm: „Schon vor 3500 Jahren gebrauchte Mose diese Idee. Dafür ein Patent anzumelden, ist es jetzt zu spät." Unter Gelächter und Applaus der Kommilitonen setzte sich der Ingenieur wieder. So hatte dieser Mann illustriert, wie modern das alte Buch ist! Das älteste Buch der Welt befindet sich in Harmonie mit den Konstruktionsmethoden des zwanzigsten Jahrhunderts[14].

Auf dem Gebiet der Medizin enthält die Bibel gleicherweise Grundsätze, die erst vor nicht allzu langer Zeit erkannt wurden. Folgende Begebenheit ist nur eines von vielen Beispielen:

Ein hochangesehener Herr hatte sich eine harmlose Erkältung zugezogen und legte sich mit Fieber ins Bett. Gemäß der medizinischen Praxis jener Tage wurde ein junger Diener angewiesen, den Patienten zur Ader zu lassen. Als sich der Zustand des Patienten aber immer mehr verschlechterte, holte man den Arzt. Wieder wurde dem Patienten Blut abgezapft. Dieser hohe Blutverlust nahm dem leidenden Mann die letzten Kräfte. Und so

14 Harry Rimmer, *Seven Wonders of the Wonderful Word,* S. 19—21.

starb George Washington, Amerikas geliebter erster Präsident.

Ironisch an dieser Geschichte ist die Tatsache, daß an der Seite des Politikers ein vielgelesenes Buch lag, in dem es heißt: „Des Leibes Leben ist im Blut." Der Mann, der gesagt hatte: „Es ist unmöglich, die Welt ohne Gott und die Bibel zu regieren", starb nur wenige Zentimeter von den Worten entfernt, die sein Leben hätten retten können, wenn man damals so wie heute um die Bedeutung dieser Worte gewußt hätte.

Archäologen haben ein medizinisches Werk aus dem Jahre 1600 v. Chr. ausgegraben. Diese äußerst interessante Schriftrolle enthält ärztliche Verordnungen, die aus Zaubermitteln, Beschwörungen und ähnlichem bestehen. Man führt die Krankheit auf übernatürliche Mächte zurück. Andere Quellen bestätigen solche medizinischen Methoden unter den primitiven Völkern.

Einzigartig ist dagegen die medizinische Belehrung der Bibel. Mose erließ Gebote wie: „Von allen Tieren sollten nur die gegessen werden, die gespaltene Klauen haben und Wiederkäuer sind" (5. Mose 14, 6. 7). Die moderne Medizin stellt die Weisheit dieses Gesetzes heraus. Viele Untersuchungen haben erwiesen, daß besonders Schweine und Kaninchen für Parasitenvergiftung anfällig sind. Nur wenn sie sorgfältig gefüttert wurden und das Fleisch gut gekocht ist, sind sie für den Verzehr geeignet. Weiterhin durfte ein Tier, das eines normalen Todes gestorben war, von den Israeliten nicht gegessen werden (5. Mose 14, 21). Viel später hat die Medizin erkannt, daß vor allem solche Tiere Bazillenträger sind.

Auch erkannte man zu einem wesentlich späteren Zeitpunkt die Gefahren verseuchten Wassers, das hauptsächlich Typhus und Cholera ausbreitet. Gott gab Mose die Anweisung, daß das Volk kein Wasser trinken sollte, in dem tote Tiere gefunden wurden. Allein große Teiche und fließendes Wasser wurden als sichere Trinkwasserreservoire betrachtet (3. Mose 11, 36).

Die Quarantäne war ein anderes bemerkenswertes Gesundheitsgesetz. Ein ganzes Kapitel (3. Mose 15) wird den strengen Verordnungen gewidmet, die eine Verbreitung der Gonorrhöe verhindern sollten. Es wurden ebenfalls Gesetze gegeben hinsichtlich des ‚Aussatzes‘, sogar in Kleidern und in einem Haus. Es gibt jedoch keine Anhaltspunkte darüber, daß diese Art ‚Aussatz‘ das gleiche war wie die uns heute bekannte Leprakrankheit. Der Aussatz in einem Haus oder in einem Kleidungsstück war offensichtlich eine Art Pilz. Regeln hierüber befinden sich in 3. Mose 13 und 14. Wir wissen heute um die Ansteckungsgefahr durch menschliche Ausscheidungen. Mose gab strenge Anordnungen, daß diese begraben und nicht auf der Erdoberfläche liegen bleiben sollten, damit die Fliegen die Krankheit nicht wieder auf Menschen übertragen[15].

Die Astronomie begann mit Hipparchus. 161—126 v. Chr. hatte er 1080 Sterne registriert. Dreihundert Jahre später bestätigte Ptolemäus die Genauigkeit dieser Zählung. Bis zur Erfindung des Teleskops durch Galilei im siebzehnten Jahrhundert wurde diese Zahl nicht ernsthaft angefochten. Erst das Teleskop machte unzählige Millionen Sterne im Weltall sichtbar. Doch bereits Hunderte von Jahren vorher hatte Gott dem Abraham gegenüber die Zahl der Sterne mit der Menge der Sand-

15 Weitere Beispiele und Erklärungen finden sich in Dr. S. J. McMillens Buch *Vermeidbare Krankheiten*, Aussaat-Verlag.

körner am Meeresstrand verglichen. „Sieh gen Himmel und zähle die Sterne; kannst du sie zählen? So zahlreich sollen deine Nachkommen sein! . . . will ich dein Geschlecht segnen und mehren wie die Sterne am Himmel und wie den Sand am Ufer des Meeres" (1. Mose 15, 5; 22, 17). Der Prophet Jeremia schrieb: „Wie man des Himmels Heer nicht zählen noch den Sand am Meer messen kann . . ." (Jer. 33, 22).

Kapitel 5

Einblick in die Zukunft

Wer würde es schon wagen, genaue Zukunftsprognosen zu stellen? Man würde höchstens Vermutungen aussprechen; aber es würde sich wohl kaum jemand erdreisten, Ereignisse der fernen Zukunft vorauszusagen. Sogar Wettervorhersagen haben sich häufig als unzuverlässig erwiesen, obwohl sie sich auf wissenschaftliche Kalkulationen gründen und nur für die nächsten Tage gelten.

Die Glaubwürdigkeit der Bibel erweist sich jedoch gerade hierin. Durch erfüllte Weissagungen bestätigt es sich, daß die Bibel Gottes Wort ist. In ihr finden wir Hunderte von Prophezeiungen. Nicht eine einzige kann als falsch bewiesen werden. Einige wenige haben sich bisher noch nicht erfüllt, aber es stand noch kein Ereignis in Widerspruch zu irgendeiner Voraussage.

Kapitel 26 im Buch des Propheten Hesekiel — geschrieben um 590 v. Chr. — enthält z. B. eine ziemlich detaillierte Voraussage über die Stadt Tyrus, damals ein reiches Handelszentrum an der Nordküste Palästinas. Gott machte darüber folgende Aussagen:

1. „Siehe, ich will viele Völker gegen dich heraufführen, ... die sollen die Mauern von Tyrus zerstören und seine Türme abbrechen."

2. „Ich will sogar seine Erde von ihm wegfegen und will einen nackten Fels aus ihm machen, einen Platz am Meer, an dem man Fischnetze aufspannt ..."

3. „Siehe, ich will über Tyrus kommen lassen Nebukadnezar, den König von Babel . . ."

4. „Deine Mauern werden sie abbrechen und deine schönen Häuser einreißen und werden deine Steine und die Balken und den Schutt ins Meer werfen . . ."

5. „Alle Fürsten am Meer werden . . . in Trauerkleidern gehen und auf der Erde sitzen und immer von neuem erzittern und sich entsetzen über dich."

Im Jahre 573 v. Chr. eroberte Nebukadnezar Tyrus nach dreizehnjähriger Belagerung. Die Einwohner flohen auf eine Insel und ließen nichts Wertvolles in der Stadt. Da Nebukadnezar sie nicht weiter verfolgen konnte, zog er nach Babylon zurück. Etwa 250 Jahre später belagerte Alexander der Große mit einem Heer aus vielen Nationen die Inselstadt. Um sie zu erobern, ließ er einen Damm vom Festland zur Insel bauen. Dazu verwandte er Steine und Schutt von den Ruinen der einstigen Stadt Tyrus. Als das noch nicht ausreichte, ließ er außerdem Erde aus dem alten Tyrus ins Meer schütten. Andere Nachbarstädte, durch diese Eroberung in Schrecken versetzt, ergaben sich ohne Widerstand. Heute, nach 2500 Jahren, ist der Platz immer noch ein geeigneter Ort für eine Stadt, aber sie ist niemals wieder aufgebaut worden. In dieser ebenen, unfruchtbaren und verlassenen Gegend hängen immer noch Fischer ihre Netze zum Trocknen auf.

Auch über Babylon wurden ungewöhnliche Weissagungen ausgesprochen:

1. „So soll Babel . . . zerstört werden . . ., daß man hinfort nicht mehr da wohne noch jemand da bleibe für und für,

2. daß auch Araber dort keine Zelte aufschlagen,

3. noch Hirten ihre Herden lagern lassen,

4. sondern Wüstentiere werden sich da lagern (712 v. Chr.).

5. Weder Ecksteine noch Grundsteine soll man aus dir nehmen, sondern eine ewige Wüste sollst du sein..." (ca. 600 v. Chr.) (Jes. 13, 19—21; Jer. 51, 26).

Babylon war eine der größten Städte aller Zeiten. Sie war von einem breiten Festungsgraben und einer doppelten Mauer umgeben. Ein Fluß versorgte die Stadt ausreichend mit Wasser. Innerhalb ihrer Mauern befand sich so viel Ackerland, daß die Ernährung der Bevölkerung sichergestellt war. Dennoch wurde die Stadt im Jahre 538 v. Chr. erobert. Kein menschliches Wesen ist heute hier anzutreffen. Die einzigen Bewohner sind Schakale und andere wilde Tiere. Keine Schafherden weiden dort. Die Steine hat man niemals verwendet. Obwohl die Ruinen der meisten alten Städte von Touristen überflutet werden, liegt Babylon außerhalb der Besichtigungsziele und wird sehr selten besucht.

Die Prophezeiungen über das Land und Volk Israel sind geradezu faszinierend. Solche detaillierten Aussagen, die vor Jahrhunderten gemacht wurden und genau auf unsere heutige Zeit zutreffen, kann man nur auf die Souveränität Gottes in der Weltgeschichte zurückführen.

Einmal verspricht Gott Abraham, daß seinen Nachkommen ein besonderer Segen zuteil wird und sie eine hohe Stellung unter den Nationen einnehmen werden. Diejenigen, die die Juden hassen, werden sich demütigen müssen (1. Mose 12, 1—3; 5. Mose 26, 19; 33, 29;

Jer. 30, 16 und andere Stellen). Der wachsende Einfluß-bereich der Juden auf nahezu jedem Gebiet in vielen Nationen erinnert die Welt an diese uralten Worte. Manche sehen in der Teilung Deutschlands und der Uneinigkeit der Arabischen Streitkräfte eine Erfüllung der Prophezeiung, daß die Feinde der Juden gedemütigt werden.

Auf der anderen Seite warnt Gott die Juden, daß er ihr Land wüst machen, sie unter die Völker zerstreuen und ihnen das Schwert senden wird (3. Mose 26, 31—33). Ihre Feinde würden sich vornehmen, die Juden auszurotten (Ps. 83, 5). Die Judenverfolgung und ihre Vertreibung in alle Länder sind jedem bekannt. Dieses gottverlassene Bild von Israel ist jedoch nicht das endgültige. Gegen Ende der letzten Tage würden die Juden in das Land Israel zurückkehren (Hes. 36, 9—15; 37, 11—14. 21; Jer. 12, 14. 15). Es würde dort ein gewaltiger Krieg ausbrechen (Hes. 38; 39) und eine neue Vegetation entstehen (Jes. 35, 1—3; 51, 3). Nach ihrer Rückkehr würden die Juden nie mehr aus ihrem Lande vertrieben werden (Amos 9, 14. 15). Die Bibel beschreibt eine Rückkehr des jüdischen Volkes aus allen Teilen der Welt. Besonders bedeutsam würde die Befreiung der Juden aus dem „Lande des Nordens" sein.

„Darum siehe, es kommt die Zeit, spricht der Herr, daß man nicht mehr sagen wird: So wahr der Herr lebt, der die Kinder Israel aus Ägyptenland geführt hat! sondern: So wahr der Herr lebt, der die Kinder Israel herausgeführt hat aus dem Lande des Nordens und aus allen Ländern, dahin er sie verstoßen hatte. Denn ich will sie wiederbringen in das Land, das ich ihren Vätern gegeben habe" (Jer. 16, 14. 15).

Über die Stadt Jerusalem sagt Christus folgendes aus: „Jerusalem wird zertreten werden von den Heiden, bis daß der Heiden Zeit erfüllt ist" (Luk. 21, 24). Immer wieder war Jerusalem Kriegsschauplatz. Mehr als zwanzigmal wurde die Stadt erobert. Ihre erneute jüdische Besetzung läßt viele vermuten, daß die Wiederkunft vor der Tür steht.

Dies sind natürlich nur einige der vielen biblischen Weissagungen. Weshalb erfüllten sie sich bis ins kleinste Detail? Niemand kann beweisen, daß auch nur eine dieser Prophezeiungen nach dem vorausgesagten Ereignis entstanden ist. Im Gegenteil steht fest, daß viele schon lange Zeit vor ihrer Erfüllung niedergeschrieben wurden.

Mehr noch als über die Voraussagen eines bestimmten Ereignisses muß man über jene Prophezeiungen, die Jesus Christus betreffen, staunen. Im Alten Testament findet man über dreihundert Hinweise auf den kommenden Messias (den Gesalbten). Viele dieser Vorhersagen bezog Christus auf sich selbst. Die Juden haßten Jesus und versuchten, auf jede Weise seine Worte und Taten lächerlich zu machen. Aber wir wissen nichts davon, daß sie Jesu Anspruch jemals zu widerlegen suchten mit der Begründung, daß solche Weissagungen nicht im Alten Testament stehen. Die Juden zur Zeit Jesu wußten nämlich um diese prophetischen Worte.

Trotzdem wurde diesen Weissagungen in einer späteren Epoche wenig Wert zugesprochen. Einige Gelehrte behaupteten, verschiedene Prophezeiungen müßten nach dem Kommen Christi in das Alte Testament eingefügt worden sein. Diese Theorie wird jedoch von neuen Bibelkritikern nicht mehr akzeptiert, da in den vergangenen

Jahren eine ganze Menge neuer Handschriften von biblischen Büchern gefunden wurde.

Besonders bekannt geworden sind die entdeckten Schriftrollen vom Toten Meer, die prophetische Teile des Buches Daniel und eine vollständige Niederschrift des Buches Jesaja enthalten. Der Prophet Jesaja macht die markantesten Aussagen über den Messias. Mit Skepsis wurde die Entdeckung dieser Dokumente aufgenommen, und man hat sie einer überaus gründlichen Prüfung unterzogen. Das Resultat läßt an ihrer Echtheit keinen Zweifel aufkommen. W. F. Albright datiert diese Handschriften in die Zeit um 100 v. Chr. Dr. S. A. Birnbaum an der Londoner Universität für Orientalische und Afrikanische Studien datiert die vollständige Jesajarolle sogar in die Zeit von 175—140 v. Chr. Diese Datierung wird allgemein von den anderen Paläographen anerkannt, obwohl einige sie für etwa fünfundzwanzig Jahre jünger ansehen.

Um den Vergleich zu erleichtern, wurden hier einige der alttestamentlichen Weissagungen dem neutestamentlichen Bericht über ihre Erfüllung gegenübergestellt. Die ungefähre Datierung der Weissagung steht in Klammern. Die Erfüllung geschah in den Erdenjahren Christi, zwischen 4 v. und 29 n. Chr.

Wer vermutet, Christus hätte diese Prophezeiungen bewußt zu erfüllen getrachtet, um seinen messianischen Anspruch zu untermauern, beachte, daß viele der Voraussagen Ereignisse betreffen, die Christus nicht hätte herbeiführen können, es sei denn, er war Gott. Sacharja spricht von einem kommenden König, der arm ist und auf einem Esel reitet. In Kenntnis dieser Weissagung hätte Jesus den Einzug in Jerusalem (Matth. 21, 6—9) darauf abstimmen können. Aber daß ihm die Beine nicht gebrochen wurden (Joh. 19, 33—36), wie es auch Sacharja vorausgesagt hatte (Sach. 12, 10), konnte Jesus nicht manipulieren. Das trifft gleichermaßen für viele andere Weissagungen zu, wie seine einzigartige Geburt, den Ort seiner Geburt, den Essigtrank am Kreuz etc.

1. Ein Prophet sollte kurz vor Jesu öffentlichem Wirken auftreten. Dieser Prophet sollte die Menschen auf Jesus hinweisen.

Weissagung

Erfüllung

Siehe, ich will meinen Boten senden, der vor mir her den Weg bereiten soll. Und bald wird kommen zu seinem Tempel der Herr, den ihr sucht; der Bote des Bundes, des ihr begehrt, siehe, er kommt.
Maleachi 3, 1 (400 v. Chr.)

Johannes der Täufer war in der Wüste und predigte die Taufe der Buße zur Vergebung der Sünden.
Markus 1, 4

Es ist eine Stimme eines Predigers in der Wüste: Bereitet dem Herrn den Weg, macht auf dem Gefilde eine ebene Bahn unserm Gott.
Jesaja 40, 3 (700 v. Chr.)

Als aber das Volk voll Erwartung war und alle dachten in ihren Herzen, ob er vielleicht der Christus wäre, antwortete Johannes und sprach zu allen: Ich taufe euch mit Wasser; es kommt aber ein Stärkerer als ich.
Lukas 3, 15. 16

2. Der Messias soll von einer Jungfrau geboren werden.

Darum wird euch der Herr selbst ein Zeichen geben: Siehe, eine Jungfrau ist schwanger und wird einen Sohn gebären, den wird sie nennen Immanuel (d. h. Gott mit uns).

Jesaja 7, 14 (700 v. Chr.)

(Manche stellten in Frage, ob das Wort ‚almah‘ im Urtext nicht mit ‚junge Frau‘ zu übersetzen ist. ‚Jungfrau‘ trifft eher zu, weil: 1. das Wort ‚almah‘ im Alten Testament sonst immer eindeutig ‚Jungfrau‘ heißt, 2. es in den Zusammenhang paßt, 3. die Septuaginta (griech. Übersetzung des A. T. vor der Zeit Jesu) ‚Jungfrau‘ anführt, 4. Matthäus diesen Vers ebenfalls so zitiert.)

Es ward der Engel Gabriel gesandt von Gott in eine Stadt in Galiläa, die heißt Nazareth, zu einer Jungfrau, die vertraut war einem Manne mit Namen Joseph . . . und die Jungfrau hieß Maria. Und der Engel sprach: . . . du wirst schwanger werden und einen Sohn gebären, des Namen sollst du Jesus heißen. Der wird groß sein und ein Sohn des Höchsten genannt werden. Da sprach Maria zu dem Engel: Wie soll das zugehen, da ich doch von keinem Manne weiß? Der Engel antwortete ihr: Der Heilige Geist wird über dich kommen, und die Kraft des Höchsten wird dich überschatten: darum wird auch das Heilige, das von dir geboren wird, Gottes Sohn genannt werden . . . Denn bei Gott ist kein Ding unmöglich.

Lukas 1, 26—37

Joseph nahm seine Verlobte zur Frau. Aber er

nahte sich ihr nicht, bis sie
einen Sohn geboren hatte;
dann gab er ihm den Na-
men Jesus.
Matthäus 1, 24. 25 (Bruns)

3. Der versprochene Messias sollte in der kleinen Stadt
Bethlehem in Judäa geboren werden.

Weissagung

Und du, Bethlehem Eph-
ratha, die du klein bist
unter den Städten in Juda,
aus dir soll mir der kom-
men, der in Israel Herr sei,
welches Ausgang von An-
fang und von Ewigkeit
her gewesen ist.
Micha 5, 1 (700 v. Chr.)

Erfüllung

Es begab sich aber zu der
Zeit, daß ein Gebot von
dem Kaiser Augustus aus-
ging, daß alle Welt ge-
schätzt würde . . . Und
jedermann ging, daß er
sich schätzen ließe, ein jeg-
licher in seine Stadt. Da
machte sich auf auch Jo-
seph aus Galiläa, aus der
Stadt Nazareth, in das
jüdische Land zur Stadt
Davids, die da heißt Bethlehem, darum daß er von
dem Hause und Geschlecht
Davids war, auf daß er
sich schätzen ließe mit
Maria, seinem vertrauten
Weibe, die war schwanger.
Und als sie daselbst waren,
kam die Zeit, daß sie ge-
bären sollte. Und sie ge-
bar ihren ersten Sohn.
Lukas 2, 1. 3—7

4. Der Messias sollte Moses gleichen.

Weissagung *Erfüllung*

Einen Propheten wie mich wird der Herr, dein Gott, dir erwecken aus dir und deinen Brüdern; dem sollt ihr gehorchen.
5. Mose 18, 15
Ich will ihnen einen Propheten, wie du bist, erwecken aus ihren Brüdern und meine Worte in seinen Mund geben; der soll zu ihnen reden alles, was ich ihm gebieten werde.
5. Mose 18, 18
(1400 v. Chr.)

In Apostelgeschichte 3, 22 und 7, 37 ist diese Weissagung angeführt. Christen haben diverse Ähnlichkeiten zwischen Mose und Christus festgestellt. Beide waren Nachkommen Abrahams, sollten als Kleinkind getötet werden, fasteten 40 Tage, vollbrachten Wunder, setzten sich bei Gott für sündige Menschen ein, inszenierten Gebräuche, die noch heute durchgeführt werden (das Passahfest und Abendmahl — das erste ein Schattenbild des zweiten).

5. Der Messias sollte ein Nachkomme des Königs David sein, und seine Königsherrschaft sollte ewig währen.

Weissagung *Erfüllung*

Auf daß seine Herrschaft groß werde und des Friedens kein Ende auf dem Thron Davids und in seinem Königreich, daß er's stärke und stütze durch Recht und Gerechtigkeit

Und der Engel sprach zu ihr (Maria): . . . der wird groß sein und ein Sohn des Höchsten genannt werden; und Gott der Herr wird ihm den Thron seines Vaters David geben, und von nun an bis in Ewigkeit.

Jesaja 9, 6 (700 v. Chr.)

Aber dein (Davids) Haus und dein Königtum sollen beständig sein in Ewigkeit vor mir, und dein Thron soll ewiglich bestehen.

2. Samuel 7, 16
(1000 v. Chr.)

er wird ein König sein über das Haus Jakob ewiglich, und seines Reiches wird kein Ende sein.

Lukas 1, 30. 32. 33

6. Weder die Heimat noch die äußere Erscheinung des Messias würden auf die Menschen anziehend wirken.

Weissagung

Er schoß auf vor ihm wie ein Reis und wie eine Wurzel aus dürrem Erdreich. Er hatte keine Gestalt und Hoheit. Wir sahen ihn, aber da war keine Gestalt, die uns gefallen hätte.

Jesaja 53, 2 (700 v. Chr.)

Erfüllung

Was kann von Nazareth Gutes kommen? sprach Nathanael zu ihm.

Johannes 1, 46
(Jesus lebte in Nazareth)

7. Der König sollte auf einem Esel in Jerusalem einziehen.

Weissagung

Du, Tochter Zion, freue dich sehr, und du, Tochter Jerusalem, jauchze! Siehe, dein König kommt zu dir, ein Gerechter und ein Helfer, arm und reitet auf

Erfüllung

Die Jünger gingen hin und taten, wie ihnen Jesus befohlen hatte, und brachten die Eselin und das Füllen und legten ihre Kleider darauf, und er

einem Esel, auf einem
Füllen der Eselin.
Sacharja 9, 9 (500 v. Chr.)

setzte sich darauf. Aber
viel Volks breitete die Kleider auf den Weg; andere
hieben Zweige von den
Bäumen und streuten sie
auf den Weg. Das Volk
aber, das ihm voranging
und nachfolgte, schrie und
sprach: Hosianna dem
Sohn Davids! Gelobt sei,
der da kommt in dem Na-
men des Herrn!
Matthäus 21, 6—9

8. Der Messias sollte von einem Freund für dreißig
Silberstücke verraten werden. Das Geld sollte im Hause
Gottes einem Töpfer gegeben werden.

Weissagung

Erfüllung

Auch mein Freund, dem
ich vertraute, der mein
Brot aß, tritt mich mit
Füßen.
Psalm 41, 10
(1000 v. Chr.)
Und ich sprach zu ihnen:
Gefällt's euch, so gebt her
meinen Lohn; wenn nicht,
so laßt's bleiben. Und sie
wogen mir den Lohn dar,
dreißig Silberstücke. Und
der Herr sprach zu mir:
Wirf's hin, daß es dem
Töpfer gegeben werde! Ei,

Da ging hin der Zwölfe
einer, mit Namen Judas
Ischarioth, zu den Hohen-
priestern und sprach: Was
wollt ihr mir geben? Ich
will ihn euch verraten.
Und sie boten ihm dreißig
Silberlinge.
Matthäus 26, 14. 15
Da kam Judas . . . und mit
ihm eine große Schar mit
Schwertern und mit Stan-
gen von den Hohenprie-
stern und Ältesten des
Volkes. Und der Verräter

70

eine treffliche Summe, der ich wert geachtet bin von ihnen! Und ich nahm die dreißig Silberlinge und warf sie ins Haus des Herrn, daß es dem Töpfer gegeben würde.

Sacharja 11, 12. 13 (500 v. Chr.)

hatte ihnen ein Zeichen gegeben . . .: Welchen ich küssen werde, der ist's; den greifet. Und alsbald trat er zu Jesus und sprach: Gegrüßet seist du, Rabbi! und küßte ihn. Jesus aber sprach zu ihm: Mein Freund, warum bist du gekommen? Da traten sie hinzu und legten die Hände an ihn und griffen ihn.

Matthäus 26, 47—50

Da das sah Judas . . ., daß er verdammt war zum Tode, gereute es ihn, und brachte wieder die dreißig Silberlinge den Hohenpriestern und Ältesten und sprach: Ich habe übel getan, daß ich unschuldig Blut verraten habe. Sie sprachen: Was geht uns das an? Da siehe du zu! Und er warf die Silberlinge in den Tempel, hob sich davon, ging hin und erhängte sich selbst. Aber die Hohenpriester nahmen die Silberlinge und sprachen: Es taugt nicht, daß wir sie in den Gotteskasten legen; denn es ist

Blutgeld. Sie hielten aber
einen Rat und kauften
den Töpfersacker dafür
zum Begräbnis der Pilger.
Daher ist dieser Acker genannt der Blutacker bis
auf den heutigen Tag.
Matthäus 27, 3—8

9. Der Messias würde geschlagen werden. Seine Nachfolger würden ihn verlassen.

Weissagung

Schwert, mach dich auf
über meinen Hirten, über
den Mann, der mir der
nächste ist! spricht der
Herr Zebaoth. Schlage den
Hirten, daß sich die Herde
zerstreue.
Sacharja 13, 7
(500 v. Chr.)

Erfüllung

Sofort nach seiner Gefan-
gennahme sagte Jesus:
Ihr seid ausgegangen wie
zu einem Mörder mit
Schwertern und Stangen,
mich zu fangen. Habe ich
doch täglich im Tempel
gesessen und habe gelehrt,
und ihr habt mich nicht
gegriffen. Aber das ist alles
geschehen, damit erfüllt
würden die Schriften der
Propheten. Da verließen
ihn alle Jünger und flohen.
Matthäus 26, 55. 56

10. Gesicht und Körper des Messias würden so zer-
schlagen werden, daß er kaum noch einem Menschen
gliche.

Weissagung

Wie sich viele über ihn

Erfüllung

Da spien sie aus in sein

entsetzten, weil seine Gestalt häßlicher war als die anderer Leute und sein Aussehen als das der Menschenkinder.
Jesaja 52, 14 (700 v. Chr.)

Angesicht und schlugen ihn mit Fäusten ... und flochten eine Dornenkrone und setzten sie auf sein Haupt ... und spien ihn an und nahmen das Rohr und schlugen damit sein Haupt.
Matthäus 26, 67; 27, 29. 30

11. Der Messias würde für die Menschen leiden und dennoch von ihnen abgelehnt werden.

Weissagung

Erfüllung

Er war der Allerverachtetste und Unwerteste, voller Schmerzen und Krankheit. Er war so verachtet, daß man das Angesicht vor ihm verbarg; darum haben wir ihn für nichts geachtet. Fürwahr, er trug unsere Krankheit und lud auf sich unsere Schmerzen. Wir aber hielten ihn für den, der geplagt und von Gott geschlagen und gemartert wäre.
Jesaja 53, 3. 4
(700 v. Chr.)

Am Abend aber brachten sie viele Besessene zu ihm; und er trieb die Geister aus mit Worten und machte allerlei Kranke gesund. Auf daß erfüllet würde, was gesagt ist durch den Propheten Jesaja, der da spricht: „Er hat unsere Schwachheit auf sich genommen, und unsere Seuchen hat er getragen.
Matthäus 8, 16—17

12. Der Messias würde durch sein Leiden für die Sünden der Menschheit bezahlen.

Weissagung	Erfüllung
Er ist um unserer Missetat willen verwundet und um unserer Sünde willen zerschlagen. Die Strafe liegt auf ihm, auf daß wir Frieden hätten, und durch seine Wunden sind wir geheilt. Wir gingen alle in der Irre wie Schafe, ein jeglicher sah auf seinen Weg; aber der Herr warf unser aller Sünde auf ihn. Jesaja 53, 5—6 (700 v. Chr.)	... daß Christus gestorben sei für unsere Sünden nach der Schrift. 1. Korinther 15, 3 b ... welcher unsere Sünden selbst hinaufgetragen hat an seinem Leibe auf das Holz, auf daß wir, der Sünde abgestorben, der Gerechtigkeit leben; durch welches Wunden ihr seid heil geworden. Denn ihr waret wie die irrenden Schafe; aber ihr seid nun bekehrt zu dem Hirten und Bischof eurer Seelen. 1. Petrus 2, 24—25

13. Der Messias würde verfolgt und schließlich hingerichtet werden. Er würde alles ruhig und gelassen, ohne den Versuch einer Selbstverteidigung, ertragen.

Weissagung	Erfüllung
Als er gemartert ward, litt er doch willig und tat seinen Mund nicht auf wie ein Lamm, das zur Schlachtbank geführt wird; und wie ein Schaf, das verstummt vor seinem Scherer, tat er seinen Mund nicht auf ... Denn er ist	Und siehe, einer von denen, die mit Jesus waren, reckte die Hand aus und zog sein Schwert und schlug nach des Hohenpriesters Knecht und hieb ihm ein Ohr ab. Da sprach Jesus zu ihm: Stecke dein Schwert an seinen Ort!

aus dem Lande der Leben-
digen weggerissen, da er
für die Missetat meines
Volkes geplagt war.
Jes. 53, 7. 8 (700 v. Chr.)

Denn wer das Schwert
nimmt, der soll durchs
Schwert umkommen. Oder
meinst du, daß ich nicht
könnte meinen Vater bit-
ten, daß er mir zuschickte
alsbald mehr als zwölf
Legionen Engel? Wie wür-
de dann aber die Schrift
erfüllt, daß es muß also geschehen?
Matthäus 26, 51—54
Und der Hohepriester
stand auf und sprach zu
ihm: Antwortest du nichts
zu dem, was diese wider
dich zeugen? Aber Jesus
schwieg stille . . . Und da
er verklagt ward von den
Hohenpriestern und Äl-
testen, antwortete er
nichts. Da sprach Pilatus
zu ihm: Hörst du nicht,
wie hart sie dich verkla-
gen? Und er antwortete
ihm nicht auf ein Wort, so
daß sich der Landpfleger
sehr verwunderte.
Matthäus 26, 62. 63; 27,
12—14

14. Der Messias sollte bei seinem Tode mit schlechten
Menschen und mit einem Reichen in Zusammenhang
gebracht werden. Doch würde er ohne Sünde sein.

Weissagung	Erfüllung
Und man hat sein Grab bei Gesetzlosen bestimmt; aber bei einem Reichen ist er gewesen in seinem Tode, weil er kein Unrecht begangen hat und kein Trug in seinem Munde gewesen ist.	Da wurden zwei Mörder mit ihm gekreuzigt, einer zur Rechten und einer zur Linken . . . Am Abend aber kam ein reicher Mann von Arimathia, der hieß Joseph, welcher auch ein Jünger Jesu war. Der ging zu Pilatus und bat ihn um den Leib Jesu. Da befahl Pilatus, man sollte ihm ihn geben. Und Joseph nahm den Leib und wickelte ihn in eine reine Leinwand und legte ihn in sein eigenes neues Grab.
Jesaja 53, 9 (700 v. Chr.) (Normalerweise hätte der Leichnam in ein Massengrab für Kriminelle geworfen werden müssen. Aber Gott hatte andere Pläne. Statt dessen wurde er in der Grabkammer eines reichen Mannes beigesetzt.)	Matthäus 27, 38. 57—60 Welcher keine Sünde getan hat, ist auch kein Betrug in seinem Munde erfunden. 1. Petrus 2, 22

15. Leiden und Tod des Messias sollten dem göttlichen Plan mit der Welt entsprechen.

Weissagung	Erfüllung
So wollte ihn der Herr zerschlagen mit Krankheit. Wenn er sein Leben zum Schuldopfer gegeben hat, wird er Nachkommen	Jesum, der durch Ratschluß und Vorsehung Gottes dahingegeben war, habt ihr durch die Hand der Heiden ans Kreuz ge-

haben und in die Länge (ewig) leben, und des Herrn Plan wird durch seine Hand gelingen.
Jesaja 53, 10 (700 v. Chr.)

schlagen und getötet.
Apostelgeschichte 2, 23

16. Das stellvertretende Leiden des Messias würde der Gerechtigkeit Gottes, die eine Bestrafung der Sünde fordert, Genüge tun.

Weissagung

Weil seine Seele sich abgemüht hat, wird er das Licht schauen und die Fülle haben. Und durch seine Erkenntnis wird er, mein Knecht, der Gerechte, viele gerecht machen; denn er trägt ihre Sünden. (,Durch seine Erkenntnis' kann auch übersetzt werden ,durch die Erkenntnis seiner' oder ,durch das Ihn-Kennenlernen'.)
Jesaja 53, 11 (700 v. Chr.)

Erfüllung

So sei es nun euch kund, ... daß euch verkündigt wird Vergebung der Sünden durch diesen; und von dem allem, wovon ihr durch das Gesetz des Mose nicht konntet freigesprochen werden, ist der gerechtfertigt, der an ihn glaubt.
Apostelgeschichte 13, 38. 39

17. Der Messias würde unter Übeltätern sterben und für die Sünder beten.

Weissagung

Darum will ich ihm viele zur Beute geben, und er soll die Starken zum Raube haben, dafür daß er sein Leben in den Tod ge-

Erfüllung

Sie kreuzigten mit ihm zwei Mörder, einen zu seiner Rechten und einen zur Linken.
Markus 15, 27

geben hat und den Übel-
täern gleichgerechnet ist
und er vieler Sünde ge-
tragen hat und für die
Übeltäter gebeten.
Jesaja 53, 12 (700 v. Chr.)

Er ist unter die Übeltäter
gerechnet.
Lukas 22, 37
Jesus aber sprach: Vater,
vergib ihnen, denn sie
wissen nicht, was sie tun!
Lukas 23, 34

18. Wenn die Sünden der Menschheit auf den Messias gelegt würden, müsse Gott in seiner Heiligkeit sich von ihm abwenden.

Weissagung

Mein Gott, mein Gott,
warum hast du mich ver-
lassen? Ich schreie, aber
meine Hilfe ist ferne . . .
Du aber bist heilig.
Ps. 22, 2—4 (1000 v. Chr.)

Erfüllung

Um die neunte Stunde
schrie Jesus laut und
sprach: . . . Mein Gott,
mein Gott, warum hast du
mich verlassen?
Matth. 27, 46

19. Der Messias würde vom Volk verspottet und ge-
schmäht werden.

Weissagung

Ich aber bin ein Wurm
und kein Mensch, ein Spott
der Leute und verachtet
vom Volke. Alle, die mich
sehen, verspotten mich,
sperren den Mund auf und
schütteln den Kopf: ,Er
klage es dem Herrn, der
helfe ihm heraus und rette

Erfüllung

Die aber vorübergingen,
lästerten ihn und schüttel-
ten ihre Köpfe und spra-
chen: Der du den Tempel
zerbrichst und baust ihn
in drei Tagen, hilf dir selber! Bist du Gottes Sohn,
so steig herab vom Kreuz!
Desgleichen spotteten

ihn, hat er Gefallen an ihm.'
Psalm 22, 7—9
(1000 v. Chr.)

auch die Hohenpriester samt den Schriftgelehrten und Ältesten und sprachen: Andern hat er geholfen und kann sich selber nicht helfen. Ist er der König Israels, so steige er nun vom Kreuz. Dann wollen wir an ihn glauben. Er hat Gott vertraut; der erlöse ihn nun, hat er Lust zu ihm; denn er hat gesagt: Ich bin Gottes Sohn. Desgleichen schmähten ihn auch die Mörder, die mit ihm gekreuzigt waren.
Matthäus 27, 39—44

20. Der Messias sollte gekreuzigt werden. Seine Henker würden seine Kleider verlosen.

Weissagung

Ich bin ausgeschüttet wie Wasser, alle meine Knochen haben sich voneinander gelöst; mein Herz ist in meinem Leibe wie zerschmolzenes Wachs. Meine Kräfte sind vertrocknet wie eine Scherbe, und meine Zunge klebt mir am Gaumen, und du legst mich in des Todes Staub.

Erfüllung

(Der Kreuzestod wird in diesen Versen anschaulich dargestellt. Die Knochen sind ausgerenkt, der Schweiß rinnt, das Herz ist angegriffen, die Kraft ist geschwunden, der Durst ist stark, Hände und Füße sind durchbohrt, und das Opfer ist zu einem Schauspiel für Schaulustige

Denn Hunde haben mich umgeben, und der Bösen Rotte hat mich umringt; sie haben meine Hände und Füße durchgraben. Ich kann alle meine Knochen zählen; sie aber schauen zu und sehen auf mich herab. Sie teilen meine Kleider unter sich und werfen das Los um mein Gewand.
Psalm 22, 15—19
(1000 v. Chr.)

geworden. Diese Beschreibung ist besonders bemerkenswert, weil zur Zeit dieser Weissagung der Kreuzestod unbekannt war. Er wurde viele Jahrhunderte später von den Römern eingeführt.)
Die Kriegsknechte aber, da sie Jesus gekreuzigt hatten, nahmen sie seine Kleider und machten vier Teile, einem jeglichen Kriegsknecht einen Teil, dazu auch den Rock. Der Rock aber war ungenäht, von oben an gewebt durch und durch. Da sprachen sie untereinander: Lasset uns den nicht zerteilen, sondern darum losen, wes er sein soll.
Johannes 19, 23. 24

21. Man würde seine Knochen nicht brechen, sondern ihn in die Seite stechen.

Weissagung

Erfüllung

Er bewahrt ihm alle seine Gebeine, daß nicht eines zerbrochen wird.
Psalm 34, 21
(1000 v. Chr.)
Sie werden mich ansehen,

Als sie aber zu Jesus kamen und sahen, daß er schon gestorben war, brachen sie ihm die Beine nicht; sondern der Kriegsknechte einer öffnete

den sie durchstochen haben.
Sacharja 12, 10a
(500 v. Chr.)

seine Seite mit einem Speer ... Denn solches ist geschehen, daß die Schrift erfüllt würde.
Johannes 19, 33—36

22. Man würde ihm einen bitteren Trank anbieten.

Weissagung

Erfüllung

Sie geben mir Galle zu essen und Essig zu trinken für meinen Durst.
Psalm 69, 22
(1000 v. Chr.)

Sie gaben ihm Wein zu trinken mit Galle vermischt.
Matthäus 27, 34

23. Der Messias würde von den Toten auferstehen und von seinen Brüdern gesehen werden.

Weissagung

Erfüllung

Ich will deinen Namen kundtun meinen Brüdern, ich will dich in der Gemeinde rühmen.
(Der Messias würde sich aufmachen, um Gott in der Gemeinde der Glaubenden zu rühmen. Das sollte nach der Todesszene geschehen, die in den vorhergehenden Versen des Psalmes beschrieben wurde. Wie konnte das geschehen, wenn er nicht vorher von den Toten auferstanden

(Petrus beruft sich auf die Weissagung Davids aus Psalm 16.)
Ihr Männer, liebe Brüder, lasset mich frei reden zu euch von dem Erzvater David. Er ist gestorben und begraben, und sein Grab ist bei uns bis auf diesen Tag. Da er nun ein Prophet war und wußte, daß Gott ihm verheißen hatte mit einem Eide, daß sein Nachkomme sollte auf seinem Thron sitzen, hat

wäre?)
Psalm 22, 23
(1000 v. Chr.)
Darum freut sich mein
Herz und frohlockt meine
Seele. Auch mein Fleisch
wird in Sicherheit ruhen.
Denn meine Seele wirst
du dem Scheol nicht lassen,
wirst nicht zugeben, daß
dein Frommer die Ver-
wesung sehe. Du wirst mir
kundtun den Weg des Le-
bens; Fülle von Freuden
ist vor deinem Angesicht,
Lieblichkeiten in deiner
Rechten immerdar.
Psalm 16, 9—11
(1000 v. Chr.)

er's vorausgesehen und
geredet von der Auferste-
hung des Christus, daß er
nicht bei den Toten ge-
lassen ist und sein Fleisch
die Verwesung nicht ge-
sehen hat. Diesen Jesus hat
Gott auferweckt; des sind
wir alle Zeugen. Nun er
durch die Rechte Gottes
erhöht ist.
Apostelgeschichte 2,
29—33a

24. Der Messias sollte weltbekannt werden.

Weissagung

So wird er viele Heiden
in Erstaunen setzen, daß
auch Könige werden ihren
Mund vor ihm zuhalten.
Denn denen nichts davon
verkündet ist, die werden
es nun sehen, und die nichts
davon gehört haben, die
werden es merken.
Jesaja 52, 15 (700 v. Chr.)

Erfüllung

(Überall auf der Welt folgen Menschen diesem
Messias, Jesus, nach. Selbst
Könige haben ihn bewun-
dert und seine Herrschaft
anerkannt. Doch ist hier
wohl in erster Linie die
Wiederkunft Christi ge-
meint, wenn er auf Erden
sein Herrschaftsrecht gel-
tend machen wird.)

25. Gottes Boten würden den Messias verkündigen, aber nur wenige würden an ihn glauben.

Weissagung	*Erfüllung*
Aber wer glaubt dem, was uns verkündet wurde, und wem ist der Arm des Herrn offenbart? Jesaja 53, 1 (700 v. Chr.)	Und ob er wohl solche Zeichen vor ihnen getan hatte, glaubten sie doch nicht an ihn; auf daß erfüllt würde der Spruch des Propheten Jesaja. Johannes 12, 37. 38

Der 110. Psalm ist eine einzige Weissagung und wird oft im Neuen Testament zitiert. Für den Juden, der an einen unitarischen Gott glaubt, stellt dieser Psalm ein Rätsel dar; für den Trinitarier dagegen sind diese Worte eine wunderbare Tatsache.

„Da nun die Pharisäer beieinander waren, fragte sie Jesus und sprach: Was denkt ihr von dem Christus? Wessen Sohn ist er? Sie sprachen: Davids. Er sprach zu ihnen: Wie kann ihn dann David im Geist einen Herrn nennen, wenn er sagt (Psalm 110, 1): Der Herr hat gesagt zu meinem Herrn: Setze dich zu meiner Rechten, bis daß ich lege deine Feinde unter deine Füße. Wenn David ihn einen Herrn nennt, wie ist er denn sein Sohn? Und niemand konnte ihm ein Wort antworten, und wagte auch niemand von dem Tage an, ihn hinfort zu fragen" (Matthäus 22, 41—46).

Eine der erstaunlichsten Weissagungen über den Messias findet man bei Daniel:

„Siebzig Wochen sind über dein Volk und über deine heilige Stadt bestimmt, um die Übertretung zum Abschluß zu bringen und den Sünden ein Ende zu machen und die Ungerechtigkeit zu sühnen und eine ewige Gerechtigkeit einzuführen und Gesicht und Propheten zu versiegeln und ein Allerheiligstes zu salben. So wisse denn und verstehe: Vom Ausgehen des Wortes, Jerusalem wiederherzustellen und zu bauen, bis auf den Messias, den Fürsten, sind sieben Wochen und zweiundsechzig Wochen. Straßen und Gräben werden wiederhergestellt und gebaut werden, und zwar in Drangsal der Zeiten. Und nach den zweiundsechzig Wochen wird der Messias weggetan werden und nichts haben. Und das Volk des kommenden Fürsten wird die Stadt und das Heiligtum zerstören. (Daniel 9, 24—26) (5. Jahrhundert v. Chr.)

„Woche" bedeutet im Hebräischen „sieben" und wird normalerweise so ausgelegt, daß ein Zeitraum von sieben Jahren darunter zu verstehen ist. In Hesekiel 4, 6 — geschrieben vor Daniel — ist ebenfalls angegeben, daß eine Woche sieben Jahre bedeutet. Der Prophet sagt somit, „in sieben Wochen und zweiundsechzig Wochen", d. h. in 483 Jahren, würde der Messias Sühne für die Sünde schaffen.

Dr. Hugh Schonfield erwähnt, daß fromme Juden kurz vor Christus die nahe Ankunft des Messias erwartet haben, und zwar aufgrund dieser Prophezeiung[1]. Sir Robert Anderson führt an, daß diese Weissagung den Tag darstelle, an dem Christus auf dem Esel in Jerusalem einzog[2]. Nicht alle Gelehrten würden sich unbedingt auf diesen Tag festlegen; doch bietet die Geschichte ausreichenden Beweis dafür, daß Christus in dem von Daniel vorausgesagten Zeitraum die Erfüllung der Weissagung brachte[3].

---

1 Schonfield, *The Bible Was Right*, S. 16, 17.
2 Robert Anderson, *The Coming Prince*.
3 Siehe auch Henry H. Halley, *Bible Handbook;* C. Ernest Tatham, *Daniel Speaks Today*.

Wie konnten Menschen solche präzisen Einzelheiten über einen Mann schon Hunderte von Jahren vor seiner Geburt wissen, wenn nicht Gott ihnen diese Kenntnis vermittelte? Einige mögen behaupten, die Propheten haben zwar gewisse Informationen von Gott erhalten, dann aber ihre eigenen Lehren daraus gebildet. Wer das sagt, nimmt an, daß Gott seine besonderen Offenbarungen jedermann anvertrauen könnte; so würde Gott geradezu den Propheten Gelegenheit geben, die Welt zu belügen. Gott zeigte so erstaunliche Wahrheiten nur gottesfürchtigen Männern. Ihre Schriften geben Zeugnis davon. Waren sie gottesfürchtig, dann müssen sie auch aufrichtig und vertrauenswürdig gewesen sein. Gewiß waren sie nicht Leute, die Gott ihre eigenen Worte in den Mund legten. Die Propheten hatten einen heiligen Respekt vor Gottes Wort. Etwas aus eigenem Antrieb hinzuzufügen, wäre für sie grobe Gotteslästerung gewesen.

Zu beachten ist ferner, daß die Lehren über Christus untrennbar mit den anderen Weissagungen verwoben waren. Oftmals konnte der Prophet selbst keine letzte Deutung der ihm von Gott aufgetragenen Worte geben. Er schrieb nieder, was der Heilige Geist ihm eingab.

Durch die ganze Bibel hindurch weisen viele Männer verschiedenster Kreise und Sprachen durch Sinnbilder, Weissagungen und Predigten auf Christus hin. Dennoch stellt das Portrait von Christus eine Einheit dar. Kein Schreiber widerspricht dem anderen oder den geschichtlichen Tatsachen.

Für den objektiv eingestellten Menschen gibt es nur eine Schlußfolgerung: Diese Propheten müssen in Gottes Auftrag geredet haben, und was sie sagten, muß wahr gewesen sein. Auch die genannten Weissagungen bezeugen: Der Mann, der da kommen soll, ist Gott selbst!

„Darum wird euch der Herr selbst ein Zeichen geben: Siehe, eine Jungfrau ist schwanger und wird einen Sohn gebären, den wird sie nennen Immanuel, d. h. Gott mit uns" (Jes. 7, 14).

„Denn uns ist ein Kind geboren, ein Sohn ist uns gegeben, und die Herrschaft ruht auf seiner Schulter; und er heißt Wunder-Rat, Gott-Held, Ewig-Vater, Friede-Fürst" (Jes. 9, 5).

„Und du, Bethlehem Ephrata, die du klein bist unter den Städten in Juda, aus dir soll mir kommen, der in Israel Herr sei, dessen Ausgang von Anfang und von Ewigkeit her gewesen ist" (Micha 5, 1).

Kapitel 6

Angriffe auf das Christentum

Da wir nun über so reichhaltiges Beweismaterial verfügen, das die Ansprüche Christi rechtfertigt, müssen wir uns fragen: Warum akzeptieren dann nicht alle, die sich mit Christus befaßt haben, ihn als ihren Herrn? Hier geht es jedoch um ein Problem, das viel weniger auf der Ebene unseres Intellekts als im Bereich unseres Willens liegt. Christus sagt: „Wenn jemand seinen (Gottes) Willen tun will, so wird er von der Lehre wissen, ob sie aus Gott ist oder ob ich aus mir selbst rede" (Joh. 7, 17). Für viele ist Christsein eine unbequeme Forderung, konfrontiert es sie doch mit dem Preis der Nachfolge, der Notwendigkeit des unbedingten Einstehens für das Recht. Als Christus einmal die selbstgerechten Pharisäer zur Rede stellte, sagte er: „Wie könnt ihr glauben, die ihr Ehre voneinander nehmet? Aber die Ehre, die von dem alleinigen Gott ist, suchet ihr nicht" (Joh. 5, 44).

Wer nicht glauben will, daß die Bibel Gottes Wort ist, findet immer Argumente, um seine Haltung zu begründen. Es sind jedoch keine echten Argumente, denn ihre Richtigkeit kann nicht schlüssig bewiesen werden, weil sie im wesentlichen auf eigenen Meinungen beruhen.

Einige der häufigsten Meinungen seien hier genannt:

1. *Die Lehre der Dreieinigkeit widerspricht dem gesunden Menschenverstand.* Einer der Hauptgründe, weshalb die Lehre von der Dreieinigkeit angegriffen wird, ist der, daß der Mensch sich ganz automatisch Gott als

ein Wesen mit nur einem Bewußtseinszentrum vorstellt. Im Grunde ist die Anzahl der Bewußtseinszentren Gottes etwas, das ein Mensch nicht mit dem Verstande erfassen kann. Einer mag sagen, Gott habe ein Bewußtseinszentrum, während der andere von Millionen spricht.

Dr. Nathan Wood weist auf Parallelen der Trinität im Universum hin. Zunächst legt er dar, was die Bibel über die Trinität lehrt:

A. *Absolute Dreiheit.* Jede Person der Trinität unterscheidet sich von der anderen, so daß zwei niemals die gleiche Person sein können. Trotzdem kann keine der drei Personen unabhängig von den anderen existieren.

B. *Absolute Einheit.* Die Bibel enthält keine direkte Aussage über die Trinität. Aber sie schildert uns jede der drei Personen als den lebendigen Gott.

C. *Drei Daseinsformen.* Die drei Personen sind nicht in erster Linie Äußerungen oder Wirkungen. Durch diese drei Arten *ist* Gott.

D. Der Vater ist die unsichtbare Quelle. Der Sohn ist die sichtbare Verkörperung des Vaters und der Gottheit überhaupt. Der unsichtbare Geist geht aus vom Vater über den Sohn und offenbart den Vater.

E. *Drei Bewußtseinszentren in einem Wesen.*

Der RAUM ist eine der vielen von Dr. Wood beschriebenen Parallelen:

A. *Absolute Dreiheit.* Der Raum besteht aus Höhe, Länge und Breite. Diese drei unterscheiden sich absolut voneinander. Aber jede der Dimensionen ist unbedingt nötig.

B. *Absolute Einheit.* Jeder Gegenstand hat die drei Dimensionen, ist aber eine Einheit.

C. *Drei Daseinsformen.* Höhe, Länge und Breite sind nicht etwas, das der Raum tut, sondern durch diese drei *ist* der Raum.

Die ZEIT stellt eine weitere Parallele dar:

A. *Absolute Dreiheit.* Die Zeit besteht aus Vergangenheit, Gegenwart und Zukunft. Keines der drei wäre möglich ohne die anderen zwei. Gäbe es keine Vergangenheit, hätte es auch bis zu diesem Augenblick keine Zeit gegeben. Gäbe es keine Zukunft, wäre auch die Gegenwart nicht in Erscheinung getreten. Ohne Gegenwart gäbe es keinen Augenblick, der Zeit ist.

B. *Absolute Einheit.* Zeit ist oder war einmal Zukunft. Zeit ist, war oder wird Gegenwart sein. Zeit ist oder wird Vergangenheit sein. Jede der drei Zeitformen schließt also alle ein.

C. *Drei Daseinsformen.* Vergangenheit, Gegenwart und Zukunft sind das eigentliche Wesen der Zeit, nicht Ausdruck dessen, was die Zeit tut.

D. Zeit kommt aus der Zukunft und fließt in die Vergangenheit. Die Zukunft ist die unsichtbare Quelle, die sich selbst immerwährend in der Gegenwart verkörpert und offenbart. In der Gegenwart vereinigt sie sich mit dem menschlichen Leben. Die Vergangenheit kommt aus der Gegenwart, aber sie verkörpert nicht die Gegenwart; und obgleich unsichtbar, beeinflußt sie die Gegenwart[1].

1 Nathan Wood, *The Secret of the Universe.*

Behaupten zu wollen, daß Gott unmöglich drei Bewußtseinszentren haben kann, heißt erklären, daß man eindeutige Beweise für das Gegenteil hat. Da Gott in seiner Unendlichkeit außerhalb des Raumes menschlicher Erfahrung steht, kann der Mensch höchstens eine Vermutung über Gottes Wesen äußern, oder aber er akzeptiert die Offenbarung seines Wesens, die Gott in seinem Wort gibt.

Noch vor wenigen Jahrzehnten wurden Menschen für geistig nicht normal gehalten, wenn sie von einer direkten Kommunikation über Hunderte von Kilometern hinweg gesprochen hätten. So etwas lag vollkommen außerhalb des menschlichen Erfahrungsbereichs. Die meisten Zeitgenossen konnten sich das nicht einmal in Gedanken vorstellen, bis die Wissenschaft ihre Erfindungen so vervollkommnete, daß dies tatsächlich im Bereich unseres täglichen Lebens möglich wurde.

Der nordamerikanische Erfinder Edison behauptete, wir würden nicht einmal ein Millionstel Prozent über irgend etwas wissen. „Von der Photosynthese eines Blattes bis hin zum Schlagen des Herzens ist die Natur durchwoben von atemberaubenden Geheimnissen. Wenn nun die Wissenschaft zugibt, daß das Elektron, die Basis aller Materie, eine höchst komplizierte Angelegenheit ist . . . wie soll es dann anders sein mit der Trinität, dem Schöpfer des Elektrons: . . . Alle Wirklichkeit ist unbekannt. Allein schon die Tatsache, daß es Mysteriöses in der Bibel gibt, ist der sichere Beweis *(prima facie)* dafür, daß sie sich mit der Wirklichkeit befaßt und diese nicht zu umgehen sucht[2]."

Können wir auch das Geheimnis der Dreieinigkeit nicht

2 Carnell, S. 209.

ergründen, so müssen wir doch in Betracht ziehen, daß ohne die Trinität alle ethischen Werte letztlich ihren Gehalt verlieren. Wäre Gott nur eine Person, würde dies bedeuten, daß er vor seiner Schöpfung allein gewesen und niemanden hatte, den er lieben konnte außer sich selbst. Sich selbst zu lieben ist nicht gerade die höchste Form von Liebe. Zwischen dem Vater, dem Sohn und dem Heiligen Geist bestand und besteht eine ewige Gemeinschaft (1. Mose 1, 26. 27; Joh. 1, 1) und Liebe (Joh. 17, 5. 24). Diese Werte sind daher keine Illusion und nicht der Vergänglichkeit unterworfen. Sie sind real und haben immer existiert, weil sie in dem verwurzelt sind, was Gott ist.

2. *Gott ist als Schöpfer für alles Böse und Leid in der Welt verantwortlich.* In jedem Zeitalter haben Philosophen das Böse in der Welt zu erklären versucht. Der christliche Standpunkt sucht die Antwort im Wesen des Menschen.

Gott schuf den Menschen mit einer *realen* Persönlichkeit. Ihm wurde eine *bedeutende* Position verliehen. Er konnte wählen zwischen Gut und Böse, ob er dem anderen Freude oder Kummer und Leid bereiten wollte. Und der Mensch traf die Entscheidung. Er beschloß, sich gegen Gott aufzulehnen. Mit voller Absicht rebellierte er gegen die Person Gottes und seine Stellung im Universum als Geschöpf vor dem Schöpfer. Der Mensch wollte sich an die Stelle Gottes setzen. In seiner bedeutenden Position hatte seine Handlung auch keine banale Änderung zur Folge. Der Mensch wurde schuldig vor dem unendlichen, heiligen Gott, der ihn geschaffen hat.

Wäre der Mensch ohne die Fähigkeit solch einer Rebellion erschaffen worden, besäße er auch keinen freien

Willen, sich zu entscheiden für Liebe oder Haß, für das Gute oder für das Böse. Der Mensch wäre zu einem bloßen Computer herabgewürdigt. Echte Liebe kann nicht bestehen ohne die Möglichkeit zu lieben. Liebe kann nicht eine bloße chemische Substanz sein, die dem Menschen durch ein mechanistisches Universum aufgezwungen wird, sondern nur etwas, was Freiheit zur Entscheidung läßt. Der Mensch hat die Wahl zu lieben oder nicht zu lieben.

Um eine echte Gemeinschaft mit Gott und seinen Mitmenschen zu haben, muß der Mensch Freiheit besitzen; dies erfordert folglich auch die Möglichkeit, Leid zu verursachen. Wenn Gott das Leid verhindern sollte, müßte er uns allem, was wirkliche Bedeutung hat, berauben. Hätte Gott den Menschen so „programmiert", daß er nicht sündigt, dann wäre der Mensch nichts anderes als eine „programmierte Maschine".

Der Mensch wählte das Böse. Er rebellierte gegen Gott und erhielt die Strafe für sein Verbrechen. Gottes Gerechtigkeit ist absolut, und sein gerechtes Urteil kann nicht hinfällig gemacht werden. Der sündige Mensch konnte somit nicht länger Gemeinschaft mit dem heiligen Gott haben. Gott ist jedoch nicht nur absolut gerecht; er ist auch perfekt in seiner Liebe und Gnade. Weil Gott den Menschen liebt und Gemeinschaft mit ihm haben möchte, hat er einen Weg bereitet, alle diejenigen zu sich zurückzubringen, die ihre Waffen niederlegen und ihrer Auflehnung gegen ihn ein Ende machen.

3. *Die Hölle vereinbart sich nicht mit der Liebe Gottes.* Hier geht es um eine schwerwiegende Frage. Leichtfertige Antworten werden selten von denkenden Men-

schen akzeptiert, und dies trifft ganz besonders für diese Lehre zu.

Wiederum liegt die Antwort zum großen Teil im Wesen des Menschen. Der Ungläubige bezeichnet den Menschen als ein selbständiges Individuum, und so erscheint es ihm ungerecht und schrecklich, einen Menschen zu verdammen, der lediglich seine naturgemäße Rolle spielt.

Wie bereits erwähnt, unterscheidet sich hiervon der biblische Begriff des Menschen grundlegend. Der Mensch wurde nach dem Bilde Gottes geschaffen. Gott möchte nicht in das Leben des Menschen eindringen, wenn dieser es nicht wünscht. Bis zum Ende respektiert Gott die Entscheidungsfreiheit und ewige Individualität, die er in den Menschen hineingelegt hat. Der Mensch, der schließlich zur Hölle verdammt wird, wird bestätigen, daß dies seine eigene Entscheidung war. Ihm ist die Wahl überlassen.

Die Entscheidung, Christus anzunehmen oder abzulehnen, ist nicht eine neutrale wie die, ob man einem Club beitreten soll. Es ist eine moralische Entscheidung. Denn wenn wir Christus ablehnen, rebellieren wir gegen Gott und gegen uns selbst sowie gegen unseren Platz im Universum. — So bedeutet Hölle ein ewiger Zustand der Trennung von Gott.

„War die Sünde ein so großes Übel, daß nur der Tod Christi sie sühnen konnte, dann ist es auch nicht verwunderlich, daß sie uns ewiges Unheil gebracht hat[3]."

4. *Der Tod Christi bedeutet nichts anderes als ein gutes Beispiel.* Man vertritt die Meinung, Christus starb ledig-

---

3 Richard Baxter, *A Call to the Unconverted*, S. 29.

lich als ein Vorbild. Der eigentliche Grund ist jedoch viel tiefer. Er berührt die Gerechtigkeit und Heiligkeit Gottes sowie die göttliche Liebe zu den Menschen.

In allen nicht-christlichen theistischen Dogmen kann der Mensch irgendwie Verbindung mit Gott aufnehmen, allerdings indem er die Gerechtigkeit Gottes außer acht läßt. In einem solchen Fall wäre Gott nicht gerecht, und es gäbe keine absolute Ethik im Universum. Die Gerechtigkeit wäre verletzt, wenn sündige Menschen mit Gott in Gemeinschaft treten könnten, ohne daß für die Sünde bezahlt würde. Die Sünde des Menschen ist so groß, daß sie nur auf zwei Arten gesühnt werden kann. Entweder der Mensch leidet dafür, indem er für ewig von Gott getrennt ist, oder der unendliche Gott leidet anstelle des Menschen. Und das tat Gott, als er in der Person Jesu in die Welt kam und freiwillig seinen Leib am Kreuz opferte. Auf der Grundlage des Todes Jesu bietet Gott allen Menschen Vergebung an. Jeder, der seine Schuld vor dem persönlichen Schöpfer bekennt und auf das vollendete Werk Christi vertraut und für sich in Anspruch nimmt, wird von seiner Sünde frei gesprochen. Seine Schuld ist getilgt, und die Gemeinschaft zwischen ihm und Gott ist wiederhergestellt.

5. *Es ist unfair, einen Menschen zu verdammen, der aufrichtige Zweifel am Christentum hat.* Jesus hat auch für denjenigen eine Antwort, der vorgibt, verstandesmäßige Schwierigkeiten mit dem Glauben zu haben. Einigen gelehrten Juden sagte er: „Wenn jemand will des (Gottes) Willen tun, der wird innewerden, ob diese Lehre von Gott sei oder ob ich von mir selbst rede" (Joh. 7, 17). Letztlich sind es niemals intellektuelle Gründe, die einen Menschen dazu bewegen, Christus abzulehnen.

Sigmund Freud sieht gleicherweise im Willen eine Kraft, die die Entscheidungen über das, was ein Mensch glaubt, stark beeinflußt:

„Menschenkenner und Philosophen haben uns längst belehrt, daß wir Unrecht daran tun, unsere Intelligenz als selbständige Macht zu schätzen und ihre Abhängigkeit vom Gefühlsleben zu übersehen. Unser Intellekt könne nur verläßlich arbeiten, wenn er den Einwirkungen starker Gefühlsregungen entrückt sei; im gegenteiligen Falle benähme er sich einfach wie ein Instrument des Willens und liefere das Resultat, das dieser fordert. Logische Argumente seien also ohnmächtig gegen gefühlsmäßige Interessen, und darum sei das Anführen von Gründen, die nach Falstaffs Wort ‚zahlreich so wie Brombeeren‘ sind, in der Welt der Interessen so unfruchtbar. Die psychoanalytische Erfahrung hat diese Behauptung womöglich noch unterstrichen[4].“

Ähnlich argumentiert Aldous Huxley:

„Ich wollte nicht wahrhaben, daß die Welt einen Sinn hat; folglich nahm ich es an und fand ohne Schwierigkeiten befriedigende Begründungen für diese Annahme. Unkenntnis ist meist besiegbar. Wir wissen etwas nicht, weil wir es nicht wissen wollen. Es ist unser Wille, der darüber entscheidet, wie und in welchem Bereich wir unseren Intellekt gebrauchen[5].“

Weniger bedeutend und dennoch von großer Tragweite sind einige Argumente gegen die Bibel. Es ist möglich, daß ein Mensch Jesus Christus in sein Leben aufnimmt und sich der Gemeinschaft mit ihm erfreut und doch ab-

---

4 Sigmund Freud, *Das Unbewußte* (Schriften zur Psychoanalyse), *Zeitgemäßes über Krieg und Tod*, S. 199/200.
5 Aldous Huxley, *Ends and Means*, S. 270.

streitet, daß die Bibel Gottes Wort ist. Dies ist jedoch unvereinbar, denn alle Zeugnisse weisen eindeutig auf die Tatsache hin, daß die Bibel Gottes Wort ist.

Verbreitete Argumente für die Annahme, daß die Bibel nicht Gottes unfehlbares Wort ist, sind folgende:

1. *Die Bibel enthält unkorrekte historische Angaben.* Seit Jahrhunderten weisen Menschen auf Ereignisse und Einzelheiten in der Bibel hin, die sie als unrichtig bezeichnen. In der Bibel werden Namen genannt, die sonst in historischen Berichten nicht vorkommen. Manchmal scheinen sich biblische Erzählung und historischer Bericht zu widersprechen. Durch die neuen archäologischen Entdeckungen, die die biblische Erzählung bestätigen, nehmen diese angeblichen Unstimmigkeiten jedoch rapide ab. Ein interessantes Beispiel dafür sind die Ereignisse, die im fünften Kapitel des Buches Daniel beschrieben werden. Die Geschichte ist kurz zusammengefaßt folgende:

Belsazer, der König von Babel, Sohn des Nebukadnezar, veranstaltete ein großes Fest. Als das Gelage seinen Höhepunkt erreicht hatte, erschien ein Finger, der etwas an die Wand schrieb. Der von Entsetzen gepackte König ließ Daniel rufen, daß er die Schrift deute. Daniel las die Worte des Gerichtes über das Königreich. Zur Belohnung ernannte ihn Belsazer zum dritten Herrscher der Regierung. Dieses Gericht kam noch in derselben Nacht. Die Stadt wurde erobert und Belsazer erschlagen. Darius, der Meder, übernahm die Herrschaft.

Kritiker argumentieren: 1. Ein Mann mit Namen Belsazer ist in der Weltgeschichte nicht bekannt. 2. Nabunaid war König von Babylon. Dieser war kein Nachkomme Nebukadnezars. Er wurde gefangengenommen, aber nicht getötet. 3. Die Weltgeschichte berichtet über keine Belagerung Babylons und keinen erschlagenen Regenten zu dieser Zeit. 4. Darius, der Meder, ist in der Geschichte unbekannt.

Im Jahre 1880 entdeckte man die „Annualistische Tafel von Cyrus". Diese Inschrift enthält den Namen Belsazer. Sie beschreibt, wie König Nabonidus, Vater von Belsazer, ohne vorherige Schlacht gefangengenommen wurde. Als Cyrus drei Monate später in die Stadt einzog, übernahm Gobryas die Herrschaft. Bei einem nächtlichen *Angriff* (?) wurde der Sohn des Königs *erschlagen* (?). Einige Worte sind in der zerbrochenen Tafel nicht mehr klar zu entziffern.

Kürzlich entdeckte Inschriften von Handelsverträgen bezeichnen Nabonidus noch, genau einen Tag bevor sein Sohn erschlagen wurde, nach Nabonidus' Gefangennahme als König.

Ausgrabungen haben erkenntlich gemacht, daß Babylon am Euphrat-Strom geteilt war. Offensichtlich wurde der westliche Teil zuerst erobert und Nabonidus gefangengenommen. Belsazer hatte weiterhin bis zu dem feindlichen Überfall drei Monate später, die Herrschaft über den östlichen Teil des Landes inne. So konnte also Belsazer Daniel zum dritten Herrscher ernannt haben. Belsazer wird der Sohn Nebukadnezars genannt; höchstwahrscheinlich war er der Enkel mütterlicherseits. Nach dem Zerfall Babylons wurde die Herrschaft Gobryas oder einem anderen gegeben; dieser Mann mußte Darius gewesen sein.

Ein anderer vorgebrachter Widerspruch ist z. B. dieser: Das Alter der Menschheit ist nach den Angaben der Wissenschaft viel höher, als es in den biblischen Stammbäumen angegeben wird. Die eindeutige Erklärung ist, daß die biblischen Stammbäume gemäß der alten hebräischen Denkweise nicht als chronologisch vollständig zu verstehen sind.

2. *Die Bibel enthält unkorrekte wissenschaftliche Angaben.* Die erstaunliche Genauigkeit der Bibel in ihrem Bezug auf die Wissenschaft haben wir bereits erwähnt. Niemand kann beweisen, daß die Bibel im Gegensatz zur Wissenschaft steht.

Wenn jemand die Frage wissenschaftlicher Ungenauigkeiten anspricht, sollte er bedenken, daß die Bibel sich gleicherweise an den gebildeten wie an den ungebildeten Menschen wendet. Deshalb spricht sie natürlich auch über wissenschaftliche Phänomene im Vokabular des einfachen Mannes. Sagen wir z. B. nicht auch, daß die Sonne jeden Morgen aufgeht? Wir wissen aber genau, daß das nicht so ist. Die Erde ist es, die sich dreht. Wir benutzen allgemein gebräuchliche Ausdrücke unserer Zeit. Wenn wir selbst uns die Freiheit dazu nehmen, haben wir kein Recht, die Bibel anzugreifen, weil sie das gleiche tut. Vergessen wir nicht: Die Bibel will kein wissenschaftliches Lehrbuch sein.

Das heißt nicht, daß sich aus dem Bibeltext keine wissenschaftlichen Fragen ergeben. Die Wissenschaft hat noch nicht alles Erkennbare entdeckt. Sie kann keinen Beweis liefern für Dinge, die in direktem Widerspruch zur Bibel stünden. Andererseits sind die archäologischen Funde heute noch nicht in der Lage, alles befriedigend zu belegen, was die Bibel aussagt. Der denkende Mensch kann jedoch in einer bestimmten Sache eine feste Überzeugung vertreten, ohne daß er sie bereits bis in alle Einzelheiten begründen kann. Er hält an der Überzeugung fest, die für ihn die wenigsten Schwierigkeiten bietet.

3. *Die Bibel widerspricht sich selbst.* So betonen die Briefe des Paulus wiederholt ausdrücklich, daß dem Glaubenden das geistliche Leben als Geschenk Gottes zuteil wird. Durch gute Werke oder gute Lebensführung kann es nicht erworben werden. Der Jakobusbrief lehrt jedoch die Notwendigkeit guter Werke. — Viele sehen dies als einen Widerspruch in der biblischen Lehre an. In Wirklichkeit soll hier gezeigt werden, wie tief und vielseitig die christliche Lehre ist. Der Mensch erhält geistliches Leben nur durch den Glauben. Aber echter Glaube führt zu einem neuen Leben, das durch heiligen Lebenswandel und Liebestätigkeit gekennzeichnet ist. Wenn gute Werke nicht die Folge sind, muß man an der Echtheit des Glaubens zweifeln.

Ferner werden gern Worte des Alten Testaments dem Neuen Testament gegenübergestellt, wie z. B. „Auge um Auge, Zahn um Zahn" (2. Mose 21, 24) dem Wort Jesu „Ihr sollt nicht widerstreben dem Übel; sondern wenn dir jemand einen Streich gibt auf deine rechte Backe, dem biete auch die andere dar" (Matth. 5, 39). Die biblische Offenbarung ist progressiv. Die Bibel wurde in einem Zeitraum von etwa 1600 Jahren geschrieben und wandte sich natürlich jeweils so an die Menschen, wie sie es aufnehmen konnten. Der alttestamentliche Grundsatz „Auge um Auge, Zahn um Zahn" ist konsequente Gerechtigkeit. Christi Lehre widerspricht dem nicht, sie geht vielmehr darüber hinaus. Christus sagt nicht, daß Bestrafung aufgrund einer strengen Rechtsauffassung falsch sei. Er sagt vielmehr: Es gibt einen besseren Weg — Liebe. Schlage nicht zurück und erzeuge keinen Haß! Gib nach aus Liebe! Das

Neue Testament enthält viele solcher Lehren, die auf das Alte Testament aufbauen bzw. eine bessere Verhaltensweise aufzeigen.

4. *Die Bibel enthält schlechte Lehren*. Das Hauptargument für diese Beschuldigung ist Lukas 14, 26: „So jemand zu mir kommt und hasset nicht seinen Vater, Mutter, Weib, Kinder, Brüder, Schwestern, auch dazu sein eigen Leben, der kann nicht mein Jünger sein."

Nun müssen wir uns hüten, der Bibel etwas von ihrem *Ereignisstil* nehmen zu wollen. Man macht es sich zu leicht, wenn „unbequeme" Berichterstattungen in „Interpretamente" umgedeutet werden. Andererseits kennt die Bibel natürlich auch die beispielhafte Rede, die Metapher. Die Menschen, die dieses Wort hörten, verstanden ohne Zweifel, was Jesus damit sagen wollte: Die Liebe zu Gott müsse viel größer sein als die Liebe zu Verwandten, so daß die letztere dagegen wie Haß erscheine. Die Parallelstelle in Matthäus 10, 37 bringt das zum Ausdruck: „Wer Vater oder Mutter mehr liebt als mich, der ist mein nicht wert; und wer Sohn oder Tochter mehr liebt als mich, der ist mein nicht wert."

5. *Die Lehre der „abgeschlossenen Offenbarung" hemmt den Fortschritt*. Der Gedanke, der in diesem Widerspruch sichtbar wird, ist der: Wenn Gott ein für allemal eine Offenbarung gegeben hat, bleibt dem Menschen keine Möglichkeit eigener Überlegung und Weiterentwicklung. Er ist an das eine Buch gebunden. — Falsch an dieser Argumentation ist die Annahme, daß allein Bewegung schon Fortschritt ist. Gibt es keine festgesetzten Ziele, dann haben wir nichts, auf das wir zustreben oder von dem wir uns abwenden können. Das festgelegte Ziel, das die Bibel aufzeigt, läßt die Möglichkeit des Fortschritts für uns offen.

6. *Niemand kann sicher sein, daß alle Bücher, die wir in der Bibel haben, wirklich dorthin gehören und von Gott inspiriert sind.* — Selbst wenn wir aufgrund der Bestätigung von Geschichtsforschern das Neue Testament lediglich als zuverlässigen historischen Bericht anerkennen, werden wir vom Christentum überzeugt. Das heilige und einzigartige Leben Jesu, seine Lehre, sein Tod und seine Auferstehung beweisen, daß er der unfehlbare Heilige Gottes ist.

Ist Jesus der eine Heilige, dann sind auch seine Worte völlig vertrauenswürdig. Er selbst akzeptierte die neununddreißig Bücher, die die Juden die Heilige Schrift nannten, als Gottes Wort. Das ist das Alte Testament.

In bezug auf das Neue Testament müssen wir uns fragen, wer wohl für die Interpretation des Christenglaubens am vertrauenswürdigsten ist. Natürlich sind es die Männer, die mit Jesus gelebt hatten, die von ihm erwählt, gelehrt und bei besonderen Gelegenheiten mit Wunderkraft ausgerüstet worden sind. Die neutestamentlichen Bücher wurden von Männern geschrieben, die mit Jesus oder mit seinen Jüngern gelebt und gearbeitet hatten. Die Schreiber selbst bezeugen, daß diese Bücher von Gott inspiriert sind.

Es schrieben auch noch andere Urchristen über ihren Glauben, aber sie beanspruchten keine göttliche Autorität für ihre Schriften. Viele dieser Schriften wurden hochgeschätzt, aber nicht als Teil der Bibel angenommen. Im großen und ganzen scheint das Neue Testament sich selbst herauskristallisiert zu haben, als die Bücher ohne menschlich-autoritäre Bestimmung von den gesamten Christengemeinden in allen Teilen des Römischen Reiches anerkannt wurden.

Bevor ein Buch in die Bibel aufgenommen wurde, unterzog man es vier strengen Prüfungen:

1. Hat ein Apostel oder jemand, der einem Apostel nahestand, das Buch geschrieben?

2. Ist der Inhalt von überragendem geistlichem Wert und in Übereinstimmung mit den anderen Büchern der Bibel?

3. Wird das Buch von allen Gemeinden anerkannt?

4. Trägt das Buch selbst Kennzeichen einer göttlichen Inspiration?

Von den jetzigen Büchern des Neuen Testamentes wurde die Mehrzahl wohl sehr schnell von den Gemeinden anerkannt — vor allem jene mit den grundlegenden Informationen über Christus und die Glaubenslehren der Christenheit. Es gibt z. B. keine geschichtlichen Hinweise darauf, daß auch nur ein führender Christ der ersten Jahrhunderte andere Bücher, die den grundlegenden christlichen Lehren widersprachen, anerkannt hätte. Der wesentliche Bestandteil des Neuen Testamentes — die Evangelien, Apostelgeschichte und die Briefe des Paulus — sind von keinem der frühen Kirchenväter jemals in Frage gestellt worden. Einige wenige Bücher wurden jedoch zurückgestellt und viele Jahre lang angezweifelt. Beim Disput um diese Bücher ging es hauptsächlich um Punkt 1: Wurden diese Bücher wirklich von Aposteln geschrieben? Nach Jahren intensivster Prüfung und Forschung kam die Kirche zu der Überzeugung, daß Apostel die Autoren waren und die Bücher deshalb einen Platz in der Heiligen Schrift beanspruchen konnten. Am Ende des vierten Jahrhunderts waren alle siebenundzwanzig Bücher des Neuen Testamentes von sämtlichen Gemeinden der westlichen Welt anerkannt. Die Kirchen des Ostens waren etwas langsamer, scheinen aber im Laufe des folgenden Jahrhunderts auch alle siebenundzwanzig Bücher anerkannt zu haben.

Es stehen noch weitere vierzehn Bücher zur Diskussion. Diese Gruppe von Büchern, die Apokryphen genannt, umfassen die Zeit zwischen den überall anerkannten neununddreißig Büchern des Alten Testamentes und den siebenundzwanzig Büchern des Neuen Testamentes. die römisch-katholische Kirche anerkennt diese apokryphischen Bücher. Andere christliche Kirchen weisen sie als Lehrautorität zurück (obwohl sie nicht ohne erzieherischen Wert sind). Auch von der römisch-katholischen Kirche waren sie bis ins sechzehnte Jahrhundert offiziell nicht anerkannt, also bis zu einem Zeitpunkt, der von ihrer Entstehung weit entfernt war und keine Möglichkeit zur Einsichtnahme in Beweismaterial bot. Erwiesen ist, daß die palästinensischen Juden zur Zeit Jesu diese Bücher nicht als Teil der Heiligen Schrift akzeptierten. Das Neue Testament enthält über 300 Zitate aus dem Alten Testament, die entweder von Jesus oder von seinen Aposteln angeführt wurden. Kein einziges Zitat stammt jedoch aus den Apokryphen.

Die Streitfrage hinsichtlich der Apokryphen ist jedoch unter dem Gesichtspunkt, daß diese zwar interessante historische Angaben enthalten, aber keine wesentlichen Lehren des Christentums angreifen, zweitrangig.

Wer der Bibel nicht glauben will, wer sich weigert, das Beweismaterial offen und vorurteilsfrei zu prüfen, wird viele Argumente zur Unterstützung seiner Ansichten finden. Er wird jedoch keines finden, das unwiderleglich wahr ist. Seine Argumente sind durchaus diskutabel und logisch zu beantworten. Für die göttliche Inspiration der Bibel gibt es demgegenüber erstaunliche Bestätigungen. In ihr finden sich unzählige beweisbare Aussagen, wie dies bei keiner anderen Religion der Fall ist. Ist die Bibel wahrhaftig die Offenbarung Gottes an die Menschen, dann muß sie auch all das aussagen, was Gott den Menschen über sich selbst mitteilen will. Sie muß den Weg zu Gott zeigen, wenn es überhaupt möglich ist, sich Gott zu nähern.

Die Bibel gibt diese Information. Sie lehrt, daß Gott Gemeinschaft mit dem Menschen wünscht und für ihn einen Weg bereitet hat — nur *einen* Weg — zu reicher und beglückender Gemeinschaft mit ihm.

Kapitel 7

Erprobt durch Erfahrung

Im ersten Jahrhundert der Christenheit schrieb Lukas von den „vielen Kennzeichen", die Jesus dem Volk gegeben hat. In diesem Buch wurden ebenfalls einige von vielen objektiven Beweisen für das Christentum angeführt. Hieraus ergibt sich die unumgängliche Frage: Wie wirkt sich das auf mein Leben aus?

Dies ist das Großartige am Christentum: Die historischen Bestätigungen führen, wenn der Mensch daraus seine persönlichen Konsequenzen zieht, zu einer echten, lebendigen Gemeinschaft mit Gott. — Gott ist eine Persönlichkeit, d. h. er existiert in drei Personen. Wir, die wir nach seinem Bilde geschaffen wurden, gleichen ihm in verschiedener Hinsicht. Da Gott jedoch unendlich ist und wir begrenzt, unterscheidet er sich von uns wesentlich.

Gott sehnt sich danach, mit uns Gemeinschaft zu haben. Er möchte uns in seine Liebe einbeziehen, die immer zwischen den Personen der Dreieinigkeit bestanden hat. Um die Liebe Gottes persönlich zu erfahren, müssen wir zwei Dinge zugeben: wer wir sind — Sünder — und wer Jesus Christus ist — der Herr des Universums und Erlöser aller Menschen, die ihn um Vergebung bitten. Dies sagt uns Gottes Wort sehr deutlich.

„Wenn wir unsere Sünden bekennen, so ist er treu und gerecht, daß er uns die Sünden vergibt und uns reinigt von aller Ungerechtigkeit" (1. Joh. 1, 9). „Wenn du mit deinem Munde Jesum als Herrn bekennen und in deinem Herzen glauben wirst, daß Gott ihn aus den Toten auferweckt hat, wirst du errettet werden" (Röm. 10, 9). Jesus gibt uns den Auftrag, die Botschaft von der Versöhnung hinauszutragen: „Mir ist gegeben alle Gewalt im Himmel und auf Erden. Darum gehet hin und machet zu Jüngern alle Völker: Taufet sie auf den Namen des Vaters und des Sohnes und des Heiligen Geistes und lehret sie halten alles, was ich euch befohlen habe. Und siehe, ich bin bei euch alle Tage bis an der Welt Ende" (Matth. 28, 18—20).

Im folgenden sind einige Beispiele wiedergegeben, wie Christus das Leben von Menschen verschiedener Herkunft bereichert hat:

Teenager gehen mit Messern, Pistolen und selbstgezimmerten Mordinstrumenten aufeinander los; der Unterlegene wird hemmungslos um die Ecke gebracht. In Haarlem, dem eng besiedelten Slum-Viertel von New York, wird so etwas kaum noch registriert. Tom Skinner, Sohn eines Pastors, war der Anführer der dortigen meistgefürchteten Bande. Sein Messer hatte 22 Kerben, die Zahl der Jungens, die er umgelegt hatte. Als er eines Abends einen Großangriff auf eine Gegnerbande plante, stellte er sein Radio an und stieß auf eine Evangeliumssendung. Er war verärgert, konnte aber den Knopf nicht weiterdrehen. Ein Vers aus 2. Korinther fesselte seine Aufmerksamkeit: „Ist jemand in Christus, so ist er eine neue Kreatur." Noch am gleichen Abend kapitulierte er vor Jesus Christus und vertraute ihm sein Leben an.

Obwohl er fest davon überzeugt war, daß ihm dies ein Messer in seine Rippen einbringen würde, teilte er am nächsten Abend seiner Bande mit, was geschehen war. Seitdem verfolgt er nur noch ein Ziel: seinen Kameraden zu helfen, indem er sie auf den hinweist, der auch in ihrem Leben eine Revolution auslösen kann, die alle anderen nötigen Veränderungen zur Folge hat.

Aus einem ganz anderen Milieu kommt der deutsche Evangelist Klaus Vollmer. Er erlebte, wie in der Nachkriegszeit die großen Ideale der Masse dem bitteren Realismus weichen mußten. Die Menschen hatten alle Zukunftsträumerei aufgegeben und fragten nur noch nach dem Jetzt und Heute. — Freunde luden Vollmer zu einer evangelistischen Vortragsreihe ein. Zu seiner Überraschung waren es keine Moralpredigten, die er dort zu hören bekam, sondern es wurde jeden Abend über das Kreuz von Golgatha gesprochen. „Entweder ist dies der größte Blödsinn oder die wunderbarste Nachricht, die es gibt", sagte er sich. Er konnte das Ganze nicht begreifen. Hilfesuchend wandte er sich an einen Christen. Dieser gab ihm lediglich den Rat, in aller Demut und mit ganzem Ernst Gott darum zu bitten, ihm die Bedeutung des Kreuzes zu zeigen. Durch dieses einfache und doch so entscheidende Gebet begann er zu verstehen, was es heißt, ein Christ zu sein. In den darauffolgenden Jahren hat Pastor Vollmer vielen jungen Leuten in Deutschland zu einem lebendigen Glauben an Christus verholfen.

Sir James Simpson, bekannt geworden durch die Entdeckung des Chloroforms, war ein eifriger Bibelleser. Einmal wurde er nach der größten Entdeckung seines Lebens gefragt. Er gab zur Antwort: „Die größte Entdeckung, die ich jemals machte, ist die, daß ich ein großer Sünder war und Christus ein mächtiger Erlöser."

Obwohl die Philosophie Ralph Waldo Emersons stark von der Lehre der Bibel abweicht, schrieb er eine Abhandlung über die Leere und Bedeutungslosigkeit der

Gaben, die nicht zutiefst den Geber in sich schließen. „Gib mir einen Teil deiner selbst", sagte er, „und du mußt für mich bluten." Trifft das schon bei irdischen Gebern zu, wieviel mehr bei Gott, dem größten aller Geber, der sich selbst den Menschen gab, der in der Person Jesu für die Erlösung der Menschen litt.

Ein ähnlicher Gedankengang brachte Daud Rahbar, ehemaliger Professor an der islamischen Fakultät der Punjab-Universität in Pakistan, zu Christus. Das Thema seiner Doktorarbeit hieß: „Gott der Gerechtigkeit — eine Studie über die ethischen Lehren des Korans." Es beunruhigte ihn sehr, daß Gott den von ihm geschaffenen Menschen leiden läßt. Gott selbst aber ging durch kein Leiden und blieb so einer der Grunderfahrungen menschlichen Lebens fremd. Nach einer intensiven Beschäftigung mit dem Leben und den Aussagen Christi zog er den Schluß:

„Ist die biblische Erzählung über Jesus eine Sage und ist der Schöpfer ein anderer als der heilige Märtyrer Jesus, dann sollte der Schöpfer seinen Thron räumen für das höhere Wesen Jesus. Die Wahrheit aber lautet, daß der ewige Schöpfer und der göttliche Märtyrer Jesus ein und derselbe sind[1]."

Die Liebe Gottes, die im Tode Christi für unsere Sünden ihren Ausdruck fand, stellte Dr. Rahbars philosophisches und geistliches Verlangen zufrieden. So tauschte er eine leere Religion gegen das reiche Leben in Christus ein.

Charles Darwin vermietete einmal einigen Christen seines Dorfes einen Saal. Dort wurde regelmäßig die

1 Daud Rahbar, *A Letter . . . to Christian and Muslim Friends,* S. 5—8.

Botschaft Christi gepredigt. Der Erfolg der Evangeliumspredigt verwunderte Darwin so sehr, daß er an den Redner schrieb: „Ihr Dienst hat in wenigen Monaten mehr für unser Dorf bewirkt als alle unsere jahrelangen Bemühungen. Niemals ist es uns gelungen, einen Trinker zu bessern, aber mir ist nicht bekannt, daß es nach Ihrem Dienst in unserem Dorf noch einen einzigen Trinker gibt."

In letzter Zeit drangen zahlreiche Zeugnisse von Christen an die Öffentlichkeit, die jahrelang für ihren Glauben an Jesus in Gefängnissen gelitten haben. Die Folterungen der ersten Gläubigen ähneln den derzeitigen Christenverfolgungen in vielen Ländern, wo ein Bekenntnis zu Christus Arbeitslosigkeit, Gefängnis und Peinigungen jeder Art bedeuten kann. Viele dieser Christen bezeugen, wie Jesus ihnen besonders im größten Leid sehr nahe war. Ihnen wurde eine übernatürliche Kraft zuteil, die ihre eigene Fähigkeit bei weitem überstieg. In ihrer Verlassenheit erfreuten sie sich einer Gemeinschaft mit Gott, die real und keineswegs phantastisch war.

Die Zeugnisse darüber, was Christus an Menschen getan hat, variieren in gleichem Maße, wie sich die Menschen selbst unterscheiden. Christus begegnet jedem dort, wo er ist, und führt ihn liebevoll weiter. Menschen, die durch Alkohol- oder Rauschmittelabhängigkeit völlig verkommen waren, sind von ihrer Gebundenheit restlos befreit worden und haben sich für das Wohl der Menschheit eingesetzt. In Christus fanden sie die Kraft zu einem neuen Leben. Menschen, deren Leben leer und bedeutungslos war, fanden Freude und Lebensinhalt durch Jesus Christus. Männer und Frauen, die von Schuldgefühlen gequält wurden, fanden Befreiung durch die Vergebung, die Christus anbietet. Viele, die ihr Leben lang Gottesdienste besuchten, gewissenhaft jede kirchliche Vorschrift befolgten, ohne jedoch Frieden zu finden, vertrauten sich Jesus Christus an und vertauschten das religiöse Ritual mit dem wahren Leben, das reich und zutiefst befriedigend ist.

Als Christ leben bedeutet nicht, festgelegte Riten erfüllen. So ist z. B. das Gebet für den Glaubenden wirkliches Sprechen mit Gott — er bringt ihm seine besonderen Probleme wie auch den Dank seines Herzens. Es ist spontanes Reden, das von Herzen kommt, und nicht ein ständiges Wiederholen vorgeschriebener Phrasen. Erstaunlich daran ist, daß diese Gebete Antwort finden, reichen sie doch von der dringenden Bitte um nötige finanzielle Mittel bis zum Schrei um Heilung von körperlichen Krankheiten[2].

Die Bibel stellt nicht einfach Regeln auf, die wir befolgen sollen. Sie ist das Buch, das die Liebe, das Verlangen und den Willen Gottes offenbart. Der wahre Christ sehnt sich danach, die Bibel zu lesen, denn in ihr begegnet er Gott. Und wahrer Christusglaube lebt von der Gemeinschaft mit Gott!

Paulus, der erste große christliche Missionar, drückt das so aus:

„Aber dies alles, was ich für einen Vorzug hielt, habe ich um Christi willen für Verlust geachtet, ja tue es noch heute angesichts alles dessen, was ich an überragenden Erkenntnissen bei meinem Herrn Jesus Christus gewonnen habe. Um seinetwillen habe ich das alles

2 Gebetserhörungen erleben Christen überall. Hunderte von Büchern, die solche Erfahrungen wiedergeben, wurden schon geschrieben.

drangegeben, es ist Unrat in meinen Augen. Es ist mir nur um dies eine zu tun: diesen Christus zu gewinnen und in ihm erfunden zu werden. Ich habe nun keine eigene Gerechtigkeit mehr, die ich mir etwa auf Grund menschlicher Leistungen zurechnen könnte; ich kenne nur eine Gerechtigkeit, die Gott mir schenkt durch das Vertrauen auf Christus. Ich möchte nur eins: ihn immer besser erkennen, die Kraft seiner Auferstehung erfahren und auch an seinem Leiden teilhaben" (Philipper 3, 7—10) — (Bruns).

Die Betrachtung der sachlichen Beweise können zwar zu einer vernunftsmäßigen Anerkennung des Christentums führen. Die Zeugnisse derer, die auf verschiedene Weise Gott in ihrem Leben erfahren haben, mögen ebenfalls sehr wertvoll sein. Doch lediglich die Studien hierüber machen den Menschen noch nicht zu einem Christen.

Es steht noch eine Erfahrung aus, die Gott *Ihnen* zuteil werden lassen will. Bis jetzt haben wir uns mit Tatsachen und anderen Menschen befaßt. Aber das Christentum kann nicht bei der dritten Person stehenbleiben. Eine Erfahrung erwartet Sie, die niemand voraussagen oder vorschreiben kann.

Wenn Sie *er*kennen und aufrichtig *be*kennen, daß Sie Gottes Gesetz übertreten haben, wenn Sie Gottes Angebot der Vergebung aufgrund seines stellvertretenden Todes und seiner Auferstehung mit dankbarem Herzen annehmen — obgleich Sie nicht alles bis ins letzte verstehen können — und wenn Sie Ihr Leben Jesus Christus ausliefern, wird er Ihnen begegnen. Er wird Ihnen vergeben und Sie annehmen als sein Kind. Dies bedeutet, ein Nachfolger Jesu zu sein.

In der TELOS-Taschenbuchreihe erscheinen folgende Titel